LE COURANT ÉLECTRIQUE

Fasc. 2.

ENCYCLOPÉDIE
ÉLECTROTECHNIQUE

PAR

UN COMITÉ D'INGÉNIEURS SPÉCIALISTES

F. LOPPÉ, INGÉNIEUR DES ARTS ET MANUFACTURES

SECRÉTAIRE

LE COURANT ÉLECTRIQUE

PAR **Eug. VIGNERON**, INGÉNIEUR-CONSEIL

ANCIEN PROFESSEUR ET ANCIEN SOUS-DIRECTEUR DE L'ÉCOLE SUPÉRIEURE D'ÉLECTRICITÉ

ANCIEN INGÉNIEUR AUX COMPAGNIES DES OMNIBUS ET THOMSON HOUSTON

PARIS

LIBRAIRIE DES SCIENCES ET DE L'INDUSTRIE

L. GEISLER, IMPRIMEUR-ÉDITEUR

1, Rue de Médicis, 1

1909

LE COURANT ÉLECTRIQUE

CHAPITRE PREMIER

Électrocinétique.

Sources d'Électricité. — Une source d'électricité est un ensemble capable de transformer de l'énergie quelconque en énergie électrique. Cette énergie quelconque peut être chimique, thermique, mécanique ou autre ; dans la suite, nous allons examiner divers types répondant à ces spécifications, mais nous avons rencontré déjà, dans les machines statiques, des exemples de sources d'électricité; on fournit, en effet, à ces machines de l'énergie mécanique par la manivelle pour produire de l'énergie électrique dissipée par l'étincelle ou utilisée à échauffer des fils métalliques comme dans l'expérience de Riess.

Dans sa forme générale la plus simple, nous pouvons nous représenter une source électrique sous l'aspect d'un ensemble mettant extérieurement en évidence, deux armatures conductrices entre lesquelles une différence de potentiel sera *maintenue;* ce sera là la généralisation de ce qui a été vu au sujet des machines statiques. Dans ce chapitre, nous nous tiendrons volontairement *indifférent aux causes et aux phases des phénomènes qui peuvent se passer dans l'intérieur d'une source*, gardant toute notre attention à l'analyse des phénomènes extérieurs à la source, en nous réservant d'examiner, dans les chapitres spéciaux, la monographie de chaque source connue. Nous supposerons d'abord la différence de potentiel entre les armatures A et B constante pour les diverses consommations d'énergie extérieure, étant bien admis que ces consommations restent dans des limites restreintes de grandeur. Quand nous examinerons les courants alternatifs, nous supposerons que cette différence de potentiel est une fonction du temps.

Soit une source S, nous la représenterons par un rectangle aux extrémités duquel nous placerons deux boules A et B indiquant schématiquement les armatures, fig. 1.

Phénomènes extérieurs à la source. — Joignons A et B par un fil conducteur fin, long et homogène; l'expérience de Riess nous a montré que si le fil n'était pas assez long ou trop fin, il se volatiliserait aussitôt;

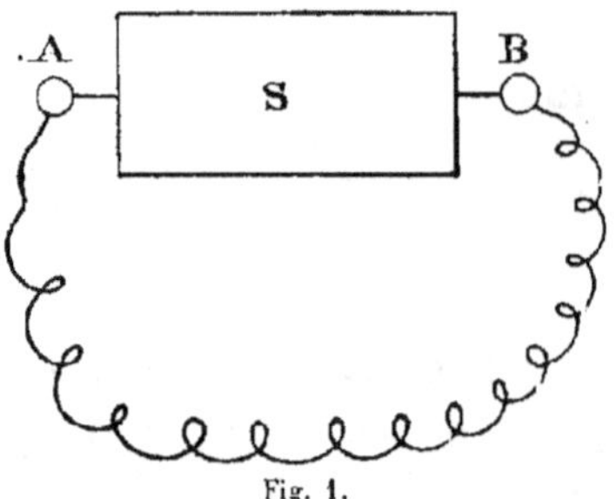

Fig. 1.

mais cette même expérience nous a appris qu'avec des dimensions suffisantes, un régime stable s'établira, c'est-à-dire que le fil s'échauffera jusqu'à une certaine température invariable, correspondant au moment où l'énergie perdue par rayonnement est égale à l'énergie reçue par le même fil pendant le même temps. Ceci posé, soit V la différence de potentiel entre A et B pendant la première expérience, ΔW_1 l'énergie fournie par S et consommée dans ce fil pendant l'unité de temps, on aura :

$$\Delta W_1 = F (V, l, S),$$

F étant une fonction du potentiel et *des caractéristiques du fil conducteur* par lequel l'énergie fournie par S est absorbée, l et S étant la longueur et la section du fil conducteur.

Si, V *restant le même*, on connecte entre A et B un fil en tout identique à lui, l'expérience calorimétrique démontre que l'énergie absorbée, pendant l'unité de temps, par chacun des fils est encore ΔW_1; cette expérience est facile, il suffit, pendant l'opération électrique, de noyer chacun des fils isolés respectivement dans des calorimètres aussi identiques que possible. Cette propriété est évidemment vraie, aussi rapprochés que soient les fils, c'est-à-dire que, si l'on appelle ΔW_2 l'énergie absorbée sous le potentiel V, pendant l'unité de temps, par un fil de nature identique au premier, et de même longueur que lui, mais de section double, on aura :

$$\Delta W_2 = 2 \, \Delta W_1.$$

D'une façon générale, on pourra démontrer, en s'appuyant *sur l'expérience calorimétrique* que, si, entre A et B dont la différence de potentiel est *constamment* V, on place successivement deux fils conducteurs de même nature, de même longueur, bien écartés de tous autres corps conducteurs, on aura en appelant S_1 et S_2 les sections, et ΔW_1 et ΔW_2 les énergies consommées respectivement dans ces conducteurs pendant l'unité de temps :

$$\frac{\Delta W_2}{S_2} = \frac{\Delta W_1}{S_1} = \frac{F(V.l, S_1)}{S_1}.$$

Ce premier point établi, remarquons que, si nous joignons A et B par un fil bien homogène, de section bien égale, il est naturel d'admettre que le potentiel aux divers points du fil varie linéairement avec la longueur; au surplus, une démonstration expérimentale est tout indiquée avec l'aide d'électromètres. En sorte, que si V_A est le potentiel en A, V_B le potentiel en B, V_x le potentiel à une distance x du milieu du fil, distance comptée sur le fil de longueur l, on aurait :

$$\frac{V_x - V_A}{\frac{l}{2} + x} = \frac{V_x - V_B}{x - \frac{l}{2}},$$

d'où :

$$V_x = \frac{V_A + V_B}{2} + \frac{x}{l}(V_B - V_A).$$

Il est clair aussi (et une démonstration expérimentale calorimétrique, facile à prévoir, pourrait être effectuée à ce sujet) qu'en partageant ce fil, bien homogène et de section bien égale, en n parties égales, de façon à avoir $l_1 = \frac{l}{n}$, l'énergie dépensée dans chaque partie sera la $n^{\text{ième}}$ partie de l'énergie totale dépensée dans le fil; et, on aura, comme conséquence des deux remarques précédentes :

$$F\left(\frac{V}{n}, l_1, S\right) = \frac{1}{n} F(V, l, S).$$

Or, déjà, d'après l'expérience de Riess, on a constaté que l'énergie calorifique absorbée dans un fil installé dans son thermomètre était, *toutes choses égales d'ailleurs*, proportionnelle au carré de la différence de potentiel entre armatures. D'ailleurs, à l'aide du calorimètre et de l'électromètre, on pourait, en prenant *une source quelconque*, démontrer expérimentalement la propriété comme cela a été fait par Joule lui-même. On a donc :

$$F\left(\frac{V}{n}, l_1, S\right) = K' \frac{V^2}{n^2},$$

$$F(V, l, S) = K V^2,$$

mais, d'après l'égalité : $n . \mathrm{F}\left(\dfrac{\mathrm{V}}{n}, l_{1}, \mathrm{S}\right) = \mathrm{F}(\mathrm{V}, l, \mathrm{S})$,

on aura :

$$\mathrm{K}' \frac{\mathrm{V}^2}{n^2} = \frac{\mathrm{K}}{n} \mathrm{V}^2,$$

ou :

$$\mathrm{K}' = n\mathrm{K},$$

et, en appelant $\Delta \mathrm{W}_{l_1}$ l'énergie absorbée pendant l'unité de temps dans le fil de longueur $\dfrac{l}{n} = l_1$ sous le potentiel $\dfrac{\mathrm{V}}{n}$, $\Delta \mathrm{W}_l$ l'énergie absorbée, pendant l'unité de temps, dans le fil de longueur l sous le potentiel V, on aura :

$$\Delta \mathrm{W}_{l_1} = \mathrm{F}\left(\frac{\mathrm{V}}{n}, l_1, \mathrm{S}\right) = \mathrm{K}\frac{\mathrm{V}^2}{n},$$

et aussi

$$\Delta \mathrm{W}_l = \mathrm{F}(\mathrm{V}. l, \mathrm{S}) = \mathrm{KV}^2,$$

d'où :

$$\frac{\Delta \mathrm{W}_{l_1}}{\dfrac{1}{n}} = \frac{\Delta \mathrm{W}_l}{1}.$$

Mais, si, au lieu d'appliquer à un conducteur identique à la sous-division de longueur l_1, le potentiel $\dfrac{\mathrm{V}}{n}$, nous lui appliquons le potentiel V, nous aurons, pendant l'unité de temps, une dépense d'énergie $\Delta' \mathrm{W}_{l_1}$, n^2 fois plus grande, c'est-à-dire telle que :

$$\Delta \mathrm{W}'_{l_1} = \mathrm{K}\frac{n^2 \mathrm{V}^2}{n} = \mathrm{K}. n. \mathrm{V}^2 = \mathrm{K}.\mathrm{V}^2.\frac{l}{l_1},$$

d'où l'on déduit :

$$l_1 . \Delta \mathrm{W}'_{l_1} = l . \Delta \mathrm{W}_l,$$

ou encore :

$$\frac{\Delta \mathrm{W}_{l_1}}{\left(\dfrac{1}{l_1}\right)} = \frac{\Delta \mathrm{W}_l}{\left(\dfrac{1}{l}\right)}.$$

Soit maintenant des conducteurs de nature *absolument identique*, mais de sections et de longueurs différentes, désignons par $\dfrac{\mathrm{V}^2}{\rho}$ l'énergie absorbée calorifiquement par seconde, par le fil de section 1 et de longueur 1 sous le potentiel V, ρ *étant ici une constante ne dépendant exclusivement que des qualités électriques du conducteur*, et aussi, comme nous le verrons plus loin, de la température de ce conducteur; désignons, de plus, par $\Delta \mathrm{W}$ l'énergie absorbée calorifiquement, par seconde, par le fil de section S et de longueur l, sous le *même* potentiel V; nous aurons, comme conséquence des déductions précédentes, la relation ci-dessous établissant que, sous un même potentiel, ΔW est séparément proportionnelle à la section S et inversement proportionnelle à la longueur du conducteur.

$$\frac{l \times \Delta W}{S} = \frac{1 \times V^2}{1 \times \rho}$$

d'où :

$$\Delta W = V^2 . \frac{1}{\left(\frac{\rho . l}{S}\right)}.$$

Cette expression $\frac{\rho . l}{S}$ est absolument *caractéristique* du conducteur, on l'appelle *résistance* électrique de ce conducteur; on voit donc qu'un conducteur homogène a une résistance proportionnelle à sa longueur, mais inversement proportionnelle à sa section.

Posons :

$$r = \frac{l . \rho}{S},$$

nous aurons :

$$\Delta W = V \frac{V}{r}.$$

On a donné à l'expression $\frac{V}{r}$ le nom de *courant*. D'après nos remarques précédentes, si l'on prend sur le conducteur *homogène* deux points C et D, dont la distance soit le $n^{\text{ième}}$ de la longueur l du conducteur, on aura, en appelant r' la résistance du conducteur C D :

$$\frac{V_D - V_C}{r'} = \frac{V}{r},$$

car :

$$\frac{V_D - V_C}{V} = \frac{1}{n} = \frac{r'}{r}.$$

Ainsi donc, si on calcule le courant entre deux points du conducteur à l'aide de la différence de potentiel de ces deux points et de la résistance de la partie du conducteur comprise entre ces deux points, on trouve la même valeur, ce qui permet de dire que si les bornes

A et B de la source sont jointes par un conducteur, le courant est le même en tous les points du conducteur *non bifurqué*. Le courant est donc une *caractéristique* du circuit *tout entier*, on le retrouve en *chaque point* de ce circuit. Il faut remarquer aussi que le courant dépend, non seulement de la différence de potentiel aux bornes de la source, mais encore de la *nature* du conducteur qui rejoint ces bornes.

On peut maintenant énoncer les lois suivantes, vraies pour toutes les sources d'électricité dont la *différence constante de potentiel aux bornes n'est pas une fonction du temps*, et dont le circuit d'utilisation est à l'abri de toute influence parasite extérieure.

Loi d'Ohm et de Pouillet (1). — *Le courant traversant un conducteur est le quotient de la différence de potentiel constante aux extrémités, par la résistance du conducteur.*

Ou, autrement, la chute de potentiel entre deux points du conducteur parcouru par un courant est égale au produit de l'intensité par la résistance entre ces deux points.

Si nous désignons le courant par I, nous aurons deux égalités évidentes :

$$\Delta W = V \times I \quad \text{et} \quad \Delta W = r I^2$$

qui nous fournissent les énoncés suivants :

L'énergie calorifique absorbée par un conducteur, pendant l'unité de temps, est égale au produit de l'intensité du courant par la différence de potentiel aux extrémités de ce conducteur.

Loi de Joule (2). — *L'énergie calorifique dégagée dans un conducteur, pendant l'unité de temps, est égale au produit du carré de l'intensité par la résistance du conducteur.*

Analogie hydraulique. — On comprend facilement la raison qui a déterminé le choix du nom de résistance à l'expression $\frac{l \cdot \rho}{S} = r$, mais il est utile de justifier le choix du mot courant donné à l'expression $\frac{V}{r}$ par l'explication suivante, à laquelle, au surplus, on peut adresser bien des critiques.

Le corps conducteur, du point B où le potentiel est le plus élevé

---

(1) Ohm (Georges-Simon), physicien allemand, né à Erlangen en 1787, mort à Munich en 1854. Il découvrit la loi qui porte son nom en 1827, en même temps que Pouillet, savant français.

(2) Joule (James-Prescott), physicien anglais, né à Salford en 1818, mort en 1889. Membre de la Société royale de Londres. Ses principaux travaux ont pour sujet la chaleur.

au point A où le potentiel l'est moins, servira de véhicule à l'électricité, d'après la théorie du fluide électrique ; c'est-à-dire que, si, pendant le temps dt, une masse dm d'électricité est véhiculée de B en A, l'énergie fournie sera : $(V_B - V_A)\, dm$ et pendant *l'unité de temps :* $(V_B - V_A) \dfrac{dm}{dt}$; par conséquent, $V_B - V_A$ étant égal à V :

$$V \frac{dm}{dt} = V.I \quad \text{ou} \quad I = \frac{dm}{dt},$$

de sorte, qu'à l'entité I est attachée la notion de *l'importance de transport de masses électriques ;* le conducteur, d'après cette manière de voir, servirait de conduite à l'écoulement des sources électriques, il est alors naturel d'appeler *courant* la vitesse d'écoulement de ces masses à travers le conducteur. En somme, pour terminer avec ces analogies, la différence de potentiel serait l'analogue de la *pression* dans les canalisations hydrauliques et la résistance des conducteurs serait l'analogue de la *résistance à l'écoulement* qu'offrent ces mêmes conduites hydrauliques.

Comme conséquence de ces analogies, on dit que le courant va du potentiel le plus élevé au potentiel le moins élevé ; il sera affecté du signe plus dans le sens normal et du signe moins en sens contraire.

Si Q est la quantité de chaleur dégagée pendant le temps t, I l'intensité, r la résistance du conducteur, la loi de Joule (établie expérimentalement par ce physicien) donne :

$$Q = \frac{1}{J} \times I^2 \times r \times t,$$

où J est l'équivalent mécanique de la calorie, avec les unités pratiques. La valeur de la calorie-gramme est 4,17 joules. Le phénomène d'échauffement des conducteurs au passage du courant est désigné sous le nom *d'effet Joule.*

Les unités choisies. — On verra au fascicule sur les unités que, dans le système des unités pratiques :

1° Le courant est exprimé en *ampères*, unité dont la valeur est le dixième de l'unité électromagnétique C. G. S. de courant.

2° La différence de potentiel est exprimée en *volts*, le volt vaut 10^8 unités C. G. S. électromagnétiques de différence de potentiel.

3° La résistance est exprimée pratiquement en *ohms* ; l'ohm vaut 10^9 unités C. G. S. électromagnétiques de résistance.

4° Le travail est exprimé en *joules*, qui vaut 10^7 *ergs* et 0,1019 *kilogrammètre*, à Paris. Un courant d'un ampère travaillant pendant l'unité de temps sous la différence de potentiel d'un volt, accomplit un travail de 1 joule.

5º La puissance est exprimée en *watts;* le watt est la puissance constante qui, travaillant pendant l'unité de temps, produit un joule. Le watt est donc le joule-seconde. Si un conducteur présente à ses extrémités une différence de potentiel égale à V (exprimé en volts) et qu'un courant I (exprimé en ampères) circule dans ce conducteur, ce conducteur sera le siège d'une puissance égale à $V \times I$ exprimée en watts.

Le watt vaut 10^7 *ergs* par seconde.

Le kilogrammètre-seconde vaut 9,81 watts, à Paris.

Le cheval-vapeur vaut 75 kilogrammètres : seconde; il vaut donc 735, 76 watts à Paris.

Le poncelet (100 kilogrammètres : sec) vaut 981 watts, à Paris.

Force électromotrice des sources. — La valeur du potentiel varie d'un point à l'autre d'un circuit, autrement dit, ainsi que nous l'avons exprimé plus haut, en régime établi, le potentiel en un point d'un conducteur est une caractéristique de ce point. Le courant, au contraire, est fonction de la nature du conducteur, c'est une entité qui s'applique à l'*ensemble* du conducteur, et, non pas à un point plus qu'à un autre point de ce conducteur.

Ceci précisé, soit une source dont les bornes A et B sont reliées par un conducteur, c'est-à-dire une source destinée à ne pas produire de travail autre que celui d'échauffer les conducteurs, soit :

ΔW_e l'énergie absorbée dans le fil pendant l'unité de temps, ou la puissance absorbée par le fil;

ΔW_i l'énergie absorbée, pendant l'unité de temps, dans la source par tous les travaux parasites, ou la puissance absorbée par la source;

ΔW_p l'énergie produite par la source pendant l'unité de temps, on aura :

$$\Delta W_e + \Delta W_i = \Delta W_p.$$

Or, si la différence de potentiel entre A et B est V, si le courant est I, on aura :

$$V.I + \Delta W_i = \Delta W_p.$$

Examinons ΔW_i de plus près; cette perte est fonction de I et d'autres grandeurs variables caractéristiques de la source (1); soient α, β, γ,.... λ ces variables, caractéristiques indépendantes les unes des autres et indépendantes de I; nous aurons donc :

$$\Delta W_i = F(I, \alpha, \beta, \gamma, ... \lambda).$$

Pour première analyse, nous allons supposer être en présence d'une source idéale, c'est-à-dire telle que sa perte totale interne ne soit fonction que de I seule; c'est, bien entendu, une source idéale, mais sa conception provisoire va nous permettre de définir certaines caractéristiques communes à toutes les sources.

Puisque ΔW_i ne dépend que de I qui est une caractéristique de tous les points du circuit extérieur, et que $\Delta W_e = V \times I$, il vient tout d'abord à l'esprit l'idée d'exprimer ΔW_i sous la même forme que ΔW_e, et d'écrire :

$$\Delta W_i = e \times I.$$

On remarquera que e est homogène d'une différence de potentiel, (e est précisément défini par la relation précédente) de sorte que e peut être considéré comme le produit du courant I par une certaine résistance ρ justement défini par l'équation suivante :

$$e = \rho I \quad \text{d'où} \quad \Delta W_i = \rho I^2$$

ρ est ce que, *par définition*, nous appelons la *résistance intérieure de la source*, nous aurons alors comme conséquence :

$$\Delta W_p = V.I + eI = (V + e)I = r I^2 + \rho I^2 = (r + \rho) I^2.$$

Par définition, nous appelons la grandeur $V + e$, homogène d'une différence de potentiel, la *force électromotrice* de la source idéale. Nous voyons que, si, aux extrémités d'une résistance $r + \rho$, somme de la résistance du circuit extérieur et de la résistance intérieure de la source, on applique une différence de potentiel $E = V + e$, on aura un courant :

$$\frac{E}{r + \rho} = \frac{V + e}{r + \rho} = I,$$

et une dissipation d'énergie :

$$EI = (V + e) I = \Delta W_p.$$

____

(1) **Exemple :** On verra, dans le fascicule traitant du sujet, que, dans une machine à courant continu shunt à excitation distincte, si N est le nombre de tours de la machine si ρ est la résistance réduite des conducteurs de l'induit, on a :

$$\Delta W_{int} = aN + bN^2 + \rho I^2.$$

Tout se passe donc comme si, à travers la source même, le circuit extérieur était bouclé par la résistance intérieure, et, si, au circuit tout entier ainsi formé, on appliquait une différence de potentiel égale à la force électromotrice.

Donc, en désignant par E la force électromotrice, on a :

$$EI = VI + \rho\, I^2 \text{ d'où } E = V + \rho\, I,$$

c'est-à-dire que : la force électromotrice est égale à la différence de potentiel aux bornes de la source augmentée du produit du courant par la résistance intérieure.

On peut dire encore que la force électromotrice est la puissance produite par la source idéale par unité de courant circulant dans le conducteur extérieur.

Mesure de la résistance intérieure de la source. — Supposons que les caractéristiques E et ρ de la source soient constantes dans les limites de régime que nous considérons; la différence de potentiel aux bornes V pourra être mesurée pendant le débit sur une résistance r à l'aide d'un électromètre absolu branché entre A et B ou, plus pratiquement, par un appareil non encore décrit et appelé voltmètre; E pourra être mesuré de la même façon, mais en ayant soin de supprimer préalablement tout conducteur extérieur entre les bornes A et B de la source ; cette suppression s'exprimera dans le calcul en faisant $r = \infty$ dans la formule $\dfrac{E}{r + \rho} = I_o$, ce qui fait qu'en appelant V_o la lecture effectuée alors à l'appareil :

$$I_o = 0, \text{ avec } E = V_o + \rho\, I_o = V_o.$$

Si, maintenant, on peut calculer la valeur I, lorsque la source débite dans la résistance extérieure connue r, ρ sera donné par la formule $\rho = \dfrac{E - V}{I}$; mais on a mesuré V, et r est supposé connu, on connaît donc $\dfrac{V}{r} = I$, ρ est ainsi déterminé par la formule précédemment écrite.

Application. — Une pile Leclanché a une force électromotrice de 1,55 volt mesurée à circuit ouvert; la différence de potentiel aux bornes, lorsque la pile débite sur une résistance de 2 ohms, a été trouvée par la lecture à l'électromètre (ou au voltmètre) égale à 1 volt, on demande la résistance de la pile Leclanché à ce régime?

Le courant qui circule dans la résistance extérieure égale à 2 ohms est :

$$\frac{1 \text{ volt}}{2 \text{ ohms}} = 0,5 \text{ ampère,}$$

si x est la résistance intérieure à ce régime, on a :

$$1,55 = 1 + x \times 0,5, \quad \text{d'où} \quad x = 1,1 \text{ ohm.}$$

Généralisation des notions précédentes. — Nous avons acquis, en considérant le cas d'une machine idéale, la notion de résistance intérieure, il ne faudrait pas croire que cette notion est une pure conception mathématique, car, dans les divers types de sources, la résistance intérieure apparaît *physiquement de la façon la plus nette*; en particulier, quand on étudiera les machines électriques dynamiques, on retrouvera cette résistance intérieure dans la résistance réduite des induits eux-mêmes. De même, la conception qui veut que le phénomène de courant ait lieu avec des circuits fermés correspond également à une réalité physique; les conducteurs qui composent les induits des machines, par exemple, servent à boucler intérieurement le circuit extérieur.

Nous sommes donc autorisés à chercher à *mettre en évidence* dans ΔW_i le terme dû à une dissipation ohmique de puissance, ce terme est de la forme ρI^2 où ρ est la résistance intérieure de la source.

Reprenons donc le cas général en supposant que nous ayons une source d'électricité quelconque, et non plus une source idéale, nous en aurons maintenant les notations de tout à l'heure, page 8 :

$$\Delta W_i = F (I, \alpha, \beta, \dots \lambda).$$

Or, si nous regardons pour un instant ΔW_i comme fonction seule de I, nous remarquons qu'au point de vue physique, il est naturel d'admettre qu'à une valeur finie de I correspond une valeur finie et *une seule* de ΔW_i, c'est-à-dire que nous pouvons admettre que ΔW_i, est une fonction uniforme et continue de I ; ainsi, nous pouvons développer ΔW_i en fonction de I par la formule de Taylor, et, en nous arrêtant au quatrième terme comme reste, nous écrirons :

$$\Delta W_i = \rho_0 + \rho_1 I + \rho_2 I^2 + I^3 \varphi (I, \alpha, \beta, \dots \lambda)$$

les ρ sont évidemment *fonctions de* $\alpha, \beta, \ldots \lambda$ mais *non fonction de I*, la formule du début de cette analyse, page 8, pourra donc s'écrire :

$$\Delta W_p = \Delta W_e + \rho_2 I^2 + \left\{ \rho_0 + \rho_1 I + I^3 \varphi (I, \alpha, \beta, \ldots \lambda) \right\}$$

On retombera sur le cas précédent du moteur idéal, à la condition de remplacer ΔW_p par la différence entre ΔW_p et de l'ensemble constituant ce que nous appellerons puissances secondaires de la source :

$$\left\{ \rho_0 + \rho_1 I + I^3 \varphi (I, \alpha, \beta, \ldots \lambda) \right\},$$

on aura ainsi, en posant :

$$\Delta W' = \Delta W_p - \left\{ \rho_0 + \rho_1 I + I^3 \varphi (I, \alpha, \beta, \ldots \lambda) \right\},$$

$$\Delta W' = \Delta W_e + \rho_2 I^2.$$

La force électromotrice d'une source quelconque ne dépend donc pas de la puissance totale par unité de courant fournie à la source, mais bien d'une puissance moindre que nous pouvons appeler puissance électrique par unité de courant de la source. Par exemple, dans une machine dynamo génératrice de courant continu, la force électromotrice ne sera pas la puissance mécanique par unité de courant fournie à la poulie de la machine; car, dans cette énergie mécanique fournie à la poulie est comprise l'énergie parasite absorbée par les frottements de palier (pour ne parler que de celle-là), cette énergie n'est pour rien dans le phénomène électrique, il serait donc inadmissible de la voir entrer dans la définition de la force électromotrice.

On verra plus loin que, pour la pile, on arrive à un résultat du même genre; la force électromotrice dépend d'une grandeur appelée chaleur voltaïque qu'il ne faut pas confondre avec la chaleur chimique; cette dernière est la grandeur correspondant à la totalité du dégagement de chaleur dû à la réaction chimique dont la pile est le siège.

En résumé : *La force électromotrice d'une source quelconque est l'énergie électrique que, pendant l'unité de temps, cette source peut communiquer à l'unité de courant.*

Dans le système pratique, qui sera exposé dans un autre volume, l'unité de force électromotrice (ou de différence de potentiel) est définie comme étant la force électromotrice qui communique à un coulomb l'énergie égale à un joule; *on l'appelle le volt,* comme nous l'avons déjà dit.

Travail maximum. — Supposons que nous ayons une source à courant continu ayant une force électromotrice indépendante du régime, supposons qu'on ait à produire un travail utilisable entre les deux points CD du circuit extérieur (fig. 2). Cet énoncé ne constitue pas un problème irréalisable en pratique, l'usage de l'électricité a enseigné à chacun ce qu'en *particulier* était un moteur électrique.

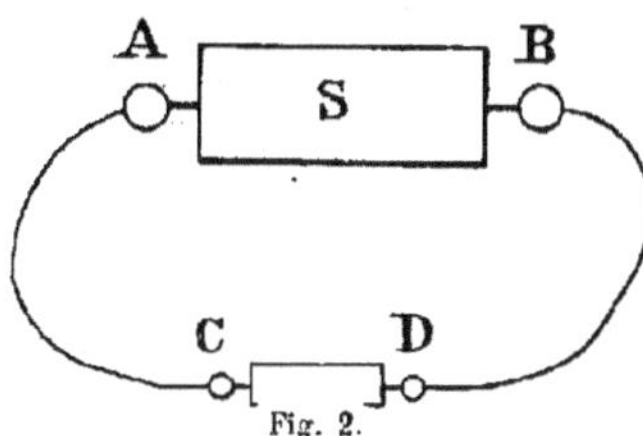

Soit :

ΔW_p, la puissance électrique (ou énergie par seconde) produite par la source,

ΔW_i, la puissance absorbée parasitement par la source,

ΔW_e, la puissance absorbée à échauffer le fil conducteur,

ΔW_m, la puissance fournie à l'élément CD qui absorbe du travail.

On aura :

$$\Delta W_p = \Delta W_i + \Delta W_e + \Delta W_m.$$

Si I est le courant, V la différence de potentiel entre A et B, r et ρ les résistances du circuit et de la source; on posera $\Delta W_m = \varepsilon . I$, il est naturel, en effet, de mettre I en évidence dans ΔW_m, puisque I, nous l'avons vu, *intéresse* tous les points du circuit extérieur à la source, on aura ainsi :

$$EI = e.I + VI + \varepsilon I,$$

ou

$$E = e + V + \varepsilon.$$

On remarque, en effet, à l'aide de l'échauffement des fils conducteurs, que le courant I est plus faible dans ce cas que lorsque le circuit se réduit à la résistance passive r seule; de plus, avec un électromètre, il sera facile de constater qu'une chute de potentiel ε se produit entre C et D, chute qui s'effectue dans le même sens que la dégradation du potentiel dans le circuit extérieur; ε est ce qu'on appelle la *force contre-électromotrice* de l'élément CD qui absorbe du travail.

On aura, en posant $r + \rho = R$:

$$EI = RI^2 + \varepsilon I \qquad \text{d'où} \qquad \frac{E - \varepsilon}{R} = I.$$

Le résultat obtenu en plaçant dans le circuit une *utilisation de travail* est que les choses se passent, au point de vue du circuit extérieur, comme si l'on avait introduit une force électromotrice *e inverse* de celle de la source, ayant comme valeur la puissance fournie *par chaque unité d'électricité*, à l'élément CD.

On donne à la différence de potentiel ε le nom de *force contre-électromotrice* de l'ensemble CD.

Ceci posé, le rendement, (rapport du travail utilisé au travail produit) est :

$$\alpha = \frac{\varepsilon\,I}{EI} = \frac{\varepsilon}{E}.$$

Le travail utilisé peut s'écrire :

$$\Delta W_m = \varepsilon\,I = \frac{\varepsilon\,(E - \varepsilon)}{R}.$$

. Si on représente ce résultat par une courbe (fig. 3), en portant ΔW_m en ordonnée et ε en abscisse, on obtient une parabole passant par l'origine.

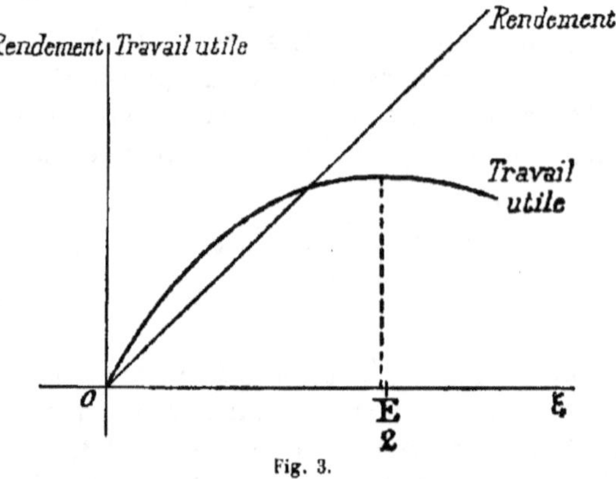

Fig. 3.

Si R est constant dans les *limites de variation d'expérience*, le maximum du produit $\varepsilon\,(E - \varepsilon)$, dont la somme est constante, a lieu lorsque $\varepsilon = E - \varepsilon$, c'est-à-dire quand :

$$\varepsilon = \frac{E}{2},$$

alors le rendement est :

$$\frac{\varepsilon}{E} = \frac{1}{2};$$

le **courant** correspondant à ce maximum sera donc donné par :

$$I_m = \frac{E\left(1 - \frac{1}{2}\right)}{R}$$

ou bien :

$$I_m = \frac{1}{2}\frac{E}{R}.$$

La *figure* 3 représente la parabole, courbe figurative des travaux utilisés, elle indique aussi la droite figurative des rendements; ces courbes sont tracées en prenant ε pour abscisses.

Le maximum de travail utilisé est loin de correspondre au maximum d'économie; en demandant un travail moindre, on pourrait utiliser une fraction beaucoup plus considérable de la puissance fournie par la source; supposons, en effet, la source fermée sur elle-même à l'aide du circuit extérieur R, on aura :

$$I_0 = \frac{E}{R} = 2.I_m.$$

La puissance fournie par la source dans le cas du maximum de travail utilisée sera :

$$\Delta W = \frac{RI_0^2}{4}.$$

Si on veut obtenir un rendement de 0,95, on devra donc avoir :

$$0,95 = \frac{\varepsilon}{E}, \quad \text{avec } I = \frac{E - \varepsilon}{R} = \frac{0,05\ E}{R} = 0,05\ I_0,$$

ce qui donnera pour ΔW_m :

$$\Delta W_m = \varepsilon\,I = 0,95 \times E \times 0,05 \times I_0$$

$$= 0,95 \times 0,05 \times R \times I_0^2$$

$$\Delta W_m = 0,0475 \times R\,I_0^2 = 0,19.\Delta W.$$

Ainsi, l'énergie fournie dans chaque seconde à l'utilisation n'est que les $\frac{19}{100}$ du travail maximum fourni par la source avec les fils de connexion de résistance totale R. On mettra donc plus de temps à consommer la même énergie, mais on gaspillera beaucoup moins.

Supposons maintenant que, par un moyen quelconque, on fasse croître ε pour le faire égaler, puis dépasser E; dans ce cas, les conséquences mathématiques précédentes des formules semblent indiquer que le travail fourni par la source S ira en diminuant sans cesse jusqu'à 0, puis que tout sera renversé, que ce sera S qui deviendra l'utilisation et l'utilisation précédente qui deviendra la source; *c'est, en effet, ce qui peut arriver dans certains cas, comme nous le verrons plus loin.* On peut dégager un fait général, c'est que le rendement est d'autant plus avantageux que le voisinage de la réversibilité est plus proche, autrement dit : il y a d'autant moins de gaspillage d'énergie que l'on se trouve plus rapproché de la réversibilité. En sorte qu'on retrouve, pour ce phénomène, ce qu'on a constaté en thermodynamique : une *modification physique ou chimique vive est très éloignée des conditions qui assurent son équilibre, une modification physique ou chimique peu vive est peu éloignée des conditions de réversibilité.*

Application. — Une machine électrique sert de source, elle fait fonctionner une autre machine; la force électromotrice de cette source est 120 volts, la résistance intérieure est 0,03 ohm, la résistance extérieure est 0,04 ohm, le courant extérieur est 100 ampères ; on demande la force contre-électromotrice de l'autre machine.

Admettons que le problème puisse correspondre à une réalité, c'est-à-dire admettons déjà, sans le démontrer encore, que le transport d'énergie soit possible, nous aurons en appelant x cette force contre-électromotrice et R la résistance totale du circuit fermé :

$$\begin{cases} R = 0,03 + 0,04 = 0,070 \text{ ohm,} \\ 100 \text{ amp.} = \dfrac{120^v - x}{0,07^{ohm}} \qquad \text{et } x = 113 \text{ volts.} \end{cases}$$

Le rendement, (en négligeant ici les frottements divers des machines) sera :

$$\frac{113}{120} = 0,94.$$

Courants dérivés. — Règles de Kirchhoff. (1) — Nous avons étudié jusqu'ici le cas d'un circuit conducteur simple connecté entre les bornes A et B de la source; si au lieu d'être simple, ce conducteur est complexe et présente l'aspect d'un réseau, le problème se résoudra à l'aide

<hr>

(1) Kirchhoff, physicien allemand, né à Kœnigsberg en 1824, mort en 1887. Membre de l'Académie des Sciences de Berlin, membre correspondant de l'Académie des Sciences de France. Il a fait avec Bunsen de remarquables découvertes sur l'analyse du spectre.

de deux théorèmes donnés par Kirchhoff et dont les énoncés sont les suivants :

THÉORÈME. — *Si plusieurs conducteurs convergent au même point, la somme algébrique des intensités des courants, sur chacun d'eux, comptées à partir de ce point est nulle (fig. 4).*

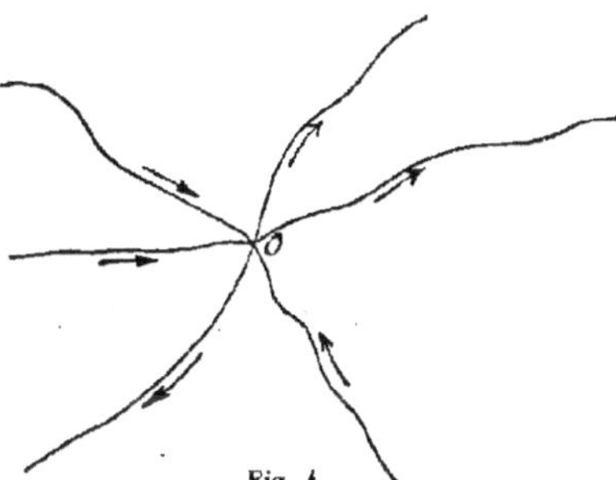
Fig. 4.

$$\Sigma\, i = 0.$$

Si non, en effet, il faudrait qu'il y ait accumulation (ou débit) d'électricité au point considéré.

THÉORÈME.— *Si plusieurs conducteurs forment un polygone fermé A B C D, et si on forme les produits de la résistance de chaque conducteur par l'intensité du courant correspondant, cette valeur sera égale à la somme algébrique des forces électromotrices existant sur le contour considéré; s'il n'y a pas de force électromotrice, la première somme est nulle (fig. 5).*

On doit avoir :

$$\Sigma\, ri = \Sigma\, E.$$

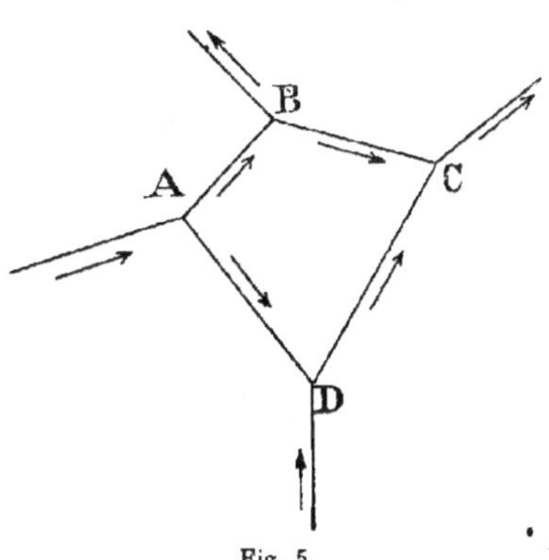
Fig. 5.

Ceci tient à ce qu'un conducteur de résistance r parcouru par un courant i et possédant une force électromotrice E, présente entre ses extrémités une chute de potentiel égal à $ir \pm E$; le signe $+$ correspondant au cas où la chute brusque de potentiel due à la force électromotrice se fait dans le sens du courant, le signe $-$ au cas contraire. Si on comprend dans E le signe de cette force électromotrice, la chute sera en tous les cas $ri - E$.

En appelant C_{AB} l'expression $ri - E$ relative à la chute de potentiel entre A et B, nous aurons (fig. 5) :

$$C_{AB} + C_{BC} + C_{CD} + C_{DA} = \Sigma\, ri - \Sigma\, E.$$

Car, en appelant V_A, V_B, V_C, V_D le potentiel en A, B, C et D on a :

$$V_B - V_A = C_{AB}$$
$$V_C - V_B = C_{BC}$$
$$\cdot \cdot \cdot \cdot \cdot \cdot \cdot \cdot \cdot$$
$$V_A - V_D = C_{DA}$$

d'où :

$$\Sigma\, C_{BA} = 0 \quad \text{et} \quad \Sigma\, r\, i = \Sigma\, E.$$

Circuits en parallèles. — Lorsque, entre A et B (fig. 6), un circuit se bifurque en plusieurs parties A C B, A D B, A F B on dira que ces derniers circuits sont dérivés en parallèles (ou en quantités) entre les

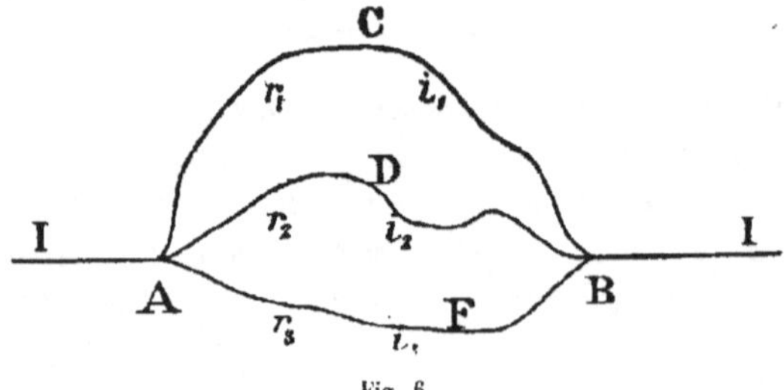

Fig. 6.

points A et B. Si i_1 et r_1, i_2 et r_2, i_3 et r_3 sont les courants et résistances de ces circuits, et si I est le courant avant A ou après B, on aura :

$$I = i_1 + i_2 + i_3$$
$$i_1\, r_1 = i_2\, r_2 = i_3\, r_3.$$

Soit R la résistance capable de remplacer l'ensemble des circuits dérivés entre A et B, on aura :

$$R\,I = i_1\, r_1 = i_2\, r_2 = i_3\, r_3$$

ou

$$\frac{I}{\left(\dfrac{1}{R}\right)} = \frac{i_1}{\left(\dfrac{1}{r_1}\right)} = \frac{i_2}{\left(\dfrac{1}{r_2}\right)} = \frac{i_3}{\left(\dfrac{1}{r_3}\right)} = \frac{i_1 + i_2 + i_3}{\dfrac{1}{r_1} + \dfrac{1}{r_2} + \dfrac{1}{r_3}},$$

c'est-à-dire que l'on a :

$$\frac{1}{R} = \frac{1}{r_1} + \frac{1}{r_2} + \frac{1}{r_3}.$$

Si on convient d'appeler *conductance* d'un conducteur l'inverse de sa résistance, cette dernière formule exprimera que la *conductance totale d'un faisceau de conducteurs en parallèle est égale à la somme des conductances des conducteurs dont il se compose.*

Conducteurs de forme quelconque. — Quand le conducteur au lieu d'être filiforme (pratiquement cylindrique de rayon très petit) est un corps à deux ou trois dimensions (plaque ou volume), le courant s'étale et forme des *lignes de flux* entre les points d'entrée et de sortie qu'on appelle des *électrodes.*

Le potentiel en un point quelconque du milieu sera une fonction des coordonnées du point, fonction définie par la condition qu'elle prend sur les surfaces limites des valeurs uniques et déterminées en satisfaisant dans le volume limité par ces surfaces à l'équation de Laplace $\Delta V = 0$. Le problème est du même ordre que celui résolu dans la théorie mécanique de la chaleur sur la répartition de la température dans un corps quelconque.

Les résultats des calculs, que nous ne développerons pas ici, peuvent être vérifiés expérimentalement.

On peut assimiler le conducteur considéré à une juxtaposition de tubes de flux très fins pouvant chacun être considéré comme un fil conducteur à section variable. La conductance du milieu est la somme des conductances de ces tubes.

La densité du courant sera en un point la quantité d'électricité qui traverse, pendant l'unité de temps, l'unité de surface disposée normalement en ce point aux lignes de flux.

Résistances. — Nous avons donné comme formule de la résistance :

$$r = \frac{\rho . l}{s},$$

ρ étant la résistance d'un conducteur de 1 centimètre de longueur sur 1 centimètre carré de section ; la valeur de ρ s'appelle la *résistivité* du conducteur considéré.

Ces résistivités s'expriment en *microhms*, c'est-à-dire en millionièmes de la résistance unité qui est l'ohm ; on fera suivre le mot microhm du mot centimètre pour rappeler les dimensions du conducteur auquel se rattache la résistance énoncée ; aussi on dira qu'à $0°$ centigrade la *résistivité* du cuivre est 1,59 *microhm centimètre.*

Nous verrons plus loin que la résistance varie avec la température. Pour les métaux et les corps très bons conducteurs, elle augmente avec la température; pour les corps très mauvais conducteurs, elle diminue avec la température; la variation peut se représenter par la formule :

$$R_t = R_o (1 + at + bt^2).$$

Cette formule, pour les corps solides, se réduit aux basses températures à :

$$R_t = R_o (1 + at)$$

Pour les métaux purs, la valeur de a diffère peu de celui des gaz, de sorte, qu'en extrapolant *(un peu trop vite probablement)*, on conclurait que la résistivité des métaux purs *au zéro absolu* est nulle.

Nous donnons ci-dessous le tableau de résistance des principaux métaux; on verra, dans un autre fascicule, les méthodes pour déterminer l'étalon de résistance, ainsi que pour mesurer les diverses résistivités :

MÉTAUX PURS	RÉSISTIVITÉ en microhm centimètre ou 10^{-6} ohm	RÉSISTANCE d'un kilomètre de fil de 1^{mm2} de section en ohms
Aluminium	2,56	25,6
Argent	1,47	14,7
Cuivre	1,59	15,9
Étain	13,05	130,5
Fer	9,06	90,6
Mercure	94,3	943
Nickel	12,32	123,2
Platine	8,25	82,5
Plomb	20,38	203,8
Zinc	5,75	57,5
MÉTAUX ET ALLIAGES industriels	RÉSISTIVITÉ	RÉSISTANCE
Acier	15,80	158
Bronze siliceux. de / à	1,67 / 7,80	16,7 / 78
Fer	13,91	139
Ferro-nickel	78,30	783
Maillechort	30	300

APPLICATIONS. — 1° *Calculer la résistance d'une ligne télégraphique de 25 kilomètres de longueur et de 12,5 millimètres carrés de section. La nature du métal est le fer.*

On aura, en se reportant au tableau précédent :

$$R = \frac{25 \times 139}{12,5} = 278 \text{ ohms.}$$

2° *Quelle section faut-il donner à un conducteur d'aluminium, si l'on s'impose, pour un transport à un kilomètre, une chute de tension de 15 volts au maximum sous le régime de 60 ampères ?*

Les fils auront une longueur (aller et retour) de deux kilomètres, on a :

$$e = R i \quad \text{ou} \quad 15 = x \times 60,$$

et

$$x = 0{,}250 \text{ ohm.}$$

Or, si le fil avait 1 millimètre carré de section, la résistance de deux kilomètres serait d'après le tableau précédent de :

$$25{,}6 \times 2 = 51{,}2 \text{ ohm.}$$

La section devra donc être de $\frac{51{,}2}{0{,}25} = 204{,}8$, soit légèrement plus de 2 centimètres carrés.

3° *On a construit une ligne de 15 kilomètres pour un transport de force, la force électromotrice en courant continu de la source est de 7500 volts, le débit maximum est de 50 ampères, on demande le rendement du transport à charge maximum en supposant que les fils de cuivre ont une section constante de 0,8 centimètre carré ?*

On a 30 kilomètres de fil de cuivre dont la résistance est :

$$30 \times 15{,}9 \times \frac{1}{80^{\text{mm}^2}} = 5{,}96 ;$$

la perte maxima en ligne est donc de :

$$5{,}96 \times 50^a = 298 \text{ volts,}$$

et le rendement minimum de la ligne ressort à :

$$\frac{7500 - 298}{7500} = 0{,}96, \quad \text{soit } 4 \text{ \% de perte.}$$

Avec des fils dont la section serait égale à la moitié, on aurait eu un rendement de 0,92, soit 8 % de perte.

On pourrait vérifier facilement que pour transporter la même puissance maxima de $7500 \times 50 = 375.000$ watts à la même distance avec des fils de la même section de 80 millimètres carrés, mais avec une force électromotrice moitié, soit 3.750 volts ; on arriverait à un rendement de 0,84, au lieu de 0,96 précédemment trouvé. Cet exemple donne une idée de la nécessité de transporter l'énergie à la tension la plus élevée *pratiquement* maniable.

4° *Quelle est la puissance absorbée par une lampe à incandescence dont la résistance est de 215 ohms, fonctionnant sous une différence de potentiel de 110 volts.*

Le courant qui traverse la lampe est :

$$I = \frac{110}{215} = 0,511 \text{ ampère.}$$

La puissance absorbée en watts est donc de :

$$P = E\,I = 0,511 \times 110$$

$$P = 56,21 \text{ watts.}$$

Si, maintenant, on cherche à l'exprimer en cheval-vapeur, il suffira de se rappeler qu'un cheval vaut $75 \times 9,81$ watts ou 735,75 watts, donc la puissance de la lampe à incandescence considérée exprimée en cheval-vapeur est de :

$$\text{Puissance} = \frac{56,\,21}{735,75} = 0,076 \text{ cheval-vapeur.}$$

Si l'on veut exprimer cette puissance en kilogrammètres par seconde, il suffit de multiplier, par 75, le chiffre primitivement obtenu ; car on sait qu'un cheval-vapeur est le travail de 75 kilogrammètres produit pendant une seconde.

$$\text{Puissance} = 0,076 \times 75 = 5,70 \text{ kilogrammètres par seconde.}$$

CHAPITRE II

Le Principe de Volta. — Piles thermoélectriques.

Historique. — Le principe de Volta a servi de point de départ à l'étude de l'électricité dynamique; son auteur en déduisit une théorie à l'aide de laquelle il inventa la pile hydroélectrique; nous ne reproduirons pas les idées de Volta sur la pile, d'autant que l'illustre physicien a fait sa mémorable découverte en s'appuyant sur certaines idées d'une exactitude douteuse; toutefois, nous devons au point de vue historique rappeler l'origine curieuse de la pile chimique et du principe de Volta (1).

Vers 1789, Galvani (2), médecin de Bologne, étudiait l'action de l'électricité atmosphérique sur les corps fraichement tués. Il avait dépecé des grenouilles et avait suspendu leurs cadavres aux barreaux de son balcon. Par suite du vent, ces débris animaux vinrent à toucher le fer du balcon, Galvani constata de violentes contractions dans les muscles de la cuisse au moment de chaque contact. Galvani, médecin avons-nous dit, jugea en médecin : la cause de la décharge était due, à son avis, à ce que naturellement le corps de l'animal, non encore complètement mort, restait chargé comme une bouteille de Leyde qu'un circuit métallique accidentellement fermé permettait de décharger.

Volta, physicien à Côme, refit l'expérience et apprécia naturellement le phénomène en physicien. Il fut frappé par ce fait que les contractions étaient beaucoup plus violentes, lorsque le conducteur était composé de plusieurs métaux; or, c'était le cas de l'expérience de Galvani; les grenouilles étaient suspendues, en effet, au balcon de fer par des fils en cuivre. Il localisa donc la séparation des deux électricités aux points de contact des deux métaux et conclut que, si l'on

---

(1) Volta (Alexandre), né et mort à Côme (1745-1827), imagina l'électrophore, le condensateur, l'eudiomètre.

(2) Galvani (Louis), né et mort à Bologne (1737-1798), anatomiste italien remarquable et physicien.

obtenait encore de petites contractions en employant un arc formé d'un métal seul, cela était dû à l'absence d'homogénéité du métal unique employé.

Galvani reprit alors l'expérience et démontra qu'on pouvait obtenir des contractions, faibles il est vrai, en plaçant l'arrière-train de la grenouille écorchée sur une surface de mercure parfaitement propre. Même en faisant toucher les extrémités des pattes directement aux nerfs lombaires, il constata encore les contractions, ce qui irréfutablement plaçait la cause du phénomène, *en réalité une faible partie de la cause du phénomène*, dans le corps seul de l'animal.

Volta continua ses travaux et réussit à couronner ses efforts par la magnifique découverte de la pile vers 1800; pendant de très longues années, sa théorie de la pile eut les faveurs exclusives des physiciens. Au cours de cette polémique brillante entre Galvani et Volta, un de leurs compatriotes, Fabroni (1), donnait une autre explication du phénomène indiqué par Galvani; Fabroni avait remarqué que les métaux étaient attaqués par les liquides contenus dans le corps de la grenouille, il pensa que cette réaction chimique devait être la cause du phénomène. Les opinions de Fabroni eurent peu de faveur, ce ne fut qu'après les travaux de Becquerel et de De la Rive, qui établirent l'incapacité d'une pile hydro-électrique à produire, sans une réaction chimique, des courants permanents, que ses idées furent remises en honneur.

Galvani, Volta, Fabroni avaient tous trois raison, mais regardant chacun une face différente du phénomène, ils arrivaient nécessairement, comme cela est si fréquent, à des conclusions distinctes également appréciables.

Principe de Volta. — *Le contact de deux métaux, ou de deux corps non semblables quelconques, a pour effet d'établir une différence de potentiel entre ces deux corps. Cette différence dépend uniquement de la nature des corps et de leur température; elle est indépendante de leurs dimensions, de leur forme, de la plus ou moins grande étendue des surfaces en contact et de la valeur absolue du potentiel sur l'un d'eux.*

Nous donnerons un peu plus loin les démonstrations qualitatives

---

(1) Fabroni (Jean-Valentin-Mathias), ingénieur et savant italien, né à Florence en 1752 mort en 1822.

de ce principe; déjà Volta avait donné de son principe une démonstration peu probante; nous la reproduisons également, car elle est donnée dans les cours, malgré son imperfection. La démonstration rigoureuse expérimentale et quantitative de ce principe est très délicate, elle exige des précautions très grandes; les mesures précises pour les métaux ont été faites vers 1880 par M. Pellat, et vers 1883 sur les électrolytes par MM. Bichat et Blondlot; nous renvoyons pour la description de ces déterminations au cours d'Électricité de M. Pellat (3me volume, pages 155 et suivantes, Gauthiers-Villars, 1908).

M. Pellat a constaté que la plus légère altération chimique, ou même physique, de la surface des métaux en contact, modifiait la différence de potentiel apparente des deux métaux au contact. Ainsi, en mesurant d'abord la valeur de cette grandeur entre l'or et un plateau de cuivre très soigneusement nettoyé, puis refaisant la mesure après avoir laissé ce plateau séjourner dans du gaz sulfhydrique, pendant un temps assez court, pour que le sulfure de cuivre formé n'altère pas la coloration du cuivre, M. Pellat trouvait des résultats notablement différents. Par contre, en laissant le même plateau séjourner un temps suffisant dans le même gaz sulfhydrique pour que la couche de sulfure donnât une couleur bleue bien nette au plateau, M. Pellat trouvait en cette troisième expérience le même résultat que dans la seconde.

Or, la couche de sulfure avait, dans la deuxième expérience, une épaisseur inférieure à une longueur d'onde lumineuse, puisque cette épaisseur était trop faible pour produire le phénomène de coloration des lames minces, pourtant elle se comportait comme une couche épaisse. On se rend compte de la minutie qu'il faut apporter dans la préparation de telles expériences.

M. Pellat sur les métaux, MM. Bichat et Blondlot sur les électrolytes, ont limité d'abord leurs efforts; ils ont vérifié seulement qu'il existait une différence de potentiel entre deux conducteurs en contact. Quelques années plus tard, ces savants ont déterminé la différence de potentiel *vraie* de contact en utilisant les lois de l'électrocapillarité; malgré quelques incertitudes régnant encore sur les différences de potentiel au contact, un fait semble toutefois assez solidement établi, pour permettre de dire, qu'entre deux métaux de nature différente en contact, il existe une différence de potentiel de l'*ordre du volt*. Quelques auteurs faisant une confusion donnent, pour ordre de grandeur de la différence de potentiel entre métaux, le millième de volt, alors que c'est la valeur de la force électromotrice de contact qui est de cet ordre (1).

On peut mettre en évidence, de la manière suivante, sans *aucune précision* toutefois, l'exactitude du principe de Volta :

1° Supposons deux plateaux, l'un de zinc, l'autre de cuivre, tenus par des manches isolants. Mettons-les en contact intime, puis séparons les, nous constaterons à l'électroscope que le cuivre a pris une charge positive et le zinc une charge négative. Si, cette première opération effectuée, nous replaçons les plateaux au contact et que nous leur communiquions une charge quelconque, cette charge se partagera entre les deux plateaux, en suivant les lois déjà énoncées en électrostatique, mais la différence de potentiel entre les deux plateaux n'aura pas bougé ; elle est ainsi indépendante de l'état de charge des plateaux en contact.

2° Prenons un électroscope condensateur (fig. 7), supposons qu'un des plateaux soit en zinc, l'inférieur par exemple, et le supérieur en cuivre. Mettons ces plateaux en communication par un conducteur métallique absolument quelconque, et, en même temps, par un fil de cuivre de même origine que le cuivre du plateau supérieur, mettons

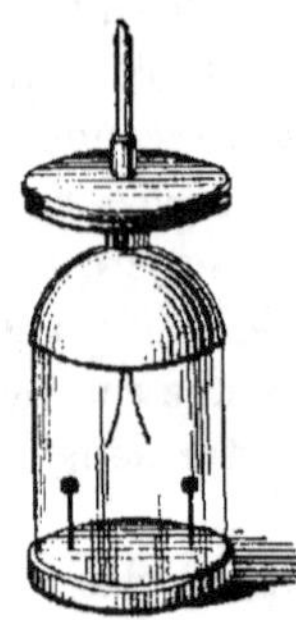

celui-ci en communication avec la cage en *cuivre* de l'électroscope. Les communications rompues, on enlève le plateau, les feuilles divergent chargées d'électricité positive ; on photographie instantanément leur divergence avec un appareil placé à poste fixe. On recommence l'opération, successivement en établissant la communication entre plateaux de toutes les façons métalliques possible ; soit par un fil de cuivre, soit par un fil de zinc, ce qui revient à mettre les deux plateaux directement au contact ; soit par une chaîne de métaux différents soudés rangés dans un ordre quelconque ; on varie aussi la position des points touchés des plateaux. Si, à chaque fois, on a eu soin de prendre un cliché, quand on développera, on constatera que l'écart des feuilles est *invariable*, à la condition que les diverses parties de la chaîne soient à la même température, ce qui impose à l'opérateur l'obligation de ne toucher aux chaînes de métaux de connexions que par l'intermédiaire d'isolants électriques et calorifiques.

Fig. 7.

---

(1) Voir *Cours d'Électricité de Pellat* susmentionné.

Si les deux plateaux sont en même métal, la divergence des feuilles sera *nulle absolument*, dans tous les cas.

3° Volta a effectué une expérience restée célèbre qui, malheureusement, ne prouve absolument rien ; car, on y admet que la main et le métal ne peuvent pas donner naissance à une différence de potentiel, de sorte que l'hypothèse implicitement admise ainsi est, en somme, de même ordre que la proposition à démontrer.

On prend dans sa main droite une lame formée d'une partie de zinc et d'une partie de cuivre, le zinc est tenu dans la main et le cuivre n'a aucun contact avec elle. On met la lame de cuivre en communication avec le plateau inférieur d'un électroscope condensateur ordinaire, l'autre plateau est mis en communication avec le sol par la main gauche G. (fig. 8). Si on rompt alors les communications, on constate la divergence des feuilles d'or, dont la charge est reconnue négative, ce qui indique que le potentiel du cuivre était négatif, celui du Zn tenu dans la main étant égal à zéro. On répète l'expérience en tenant à la main le cuivre au lieu du zinc, on constate que l'électroscope ne se charge pas, car, conclut-on, la différence de potentiel entre Cu — Zn des lames est égale et de signe contraire à la différence de potentiel du chaînon suivant Zn — Cu, composé de la lame de Zn et du cuivre du plateau condensateur.

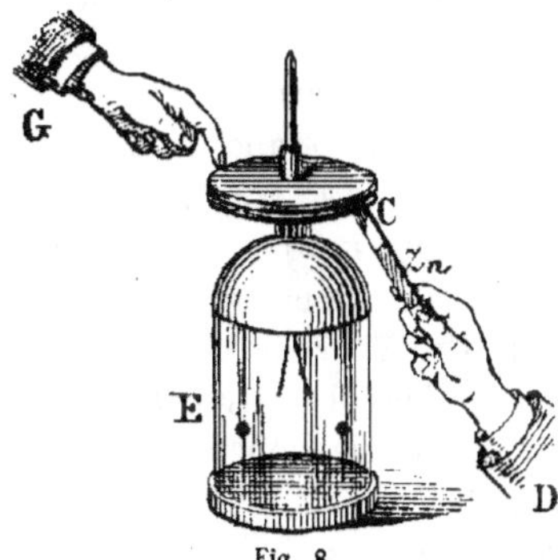</p>

Fig 8.

Nous représenterons par A|B, la différence de potentiel que l'on rencontre en cheminant de A vers B, convenant de considérer ce symbole comme positif, si le potentiel de B est supérieur à celui de A, et négatif, dans le cas contraire.

Lois de Volta. — Ces lois peuvent se démontrer immédiatement grâce à la deuxième expérience précédente ; mais il suffit de combiner, au principe de Volta, celui des forces vives, pour en déduire leurs énoncés qui sont les suivants :

Première Loi. — *Dans une chaîne quelconque de métaux soudés à la suite les uns des autres, et tous à la même température, la différence de potentiel des extrémités est la même que si les deux métaux extrêmes étaient directement au contact.*

Deuxième loi. — *Tous les points de la chaîne étant à la même température, si les deux métaux qui la terminent sont identiques, les deux extrémités sont au même potentiel.*

En effet, supposons d'abord une chaîne composée de deux métaux à la *même température* (fig. 9), du Cu et du Zn, par exemple, fermons cette chaîne sur elle-même, nous n'aurons aucune différence de potentiel dans ce circuit fermé, autrement dit :

$$Zn\,|\,Cu + Cu\,|\,Zn = 0 \quad\text{ou}\quad Zn\,|\,Cu = -\,Cu\,|\,Zn,$$

car dans le cas contraire, nous aurions un courant circulant dans le circuit, une énergie serait gaspillée à échauffer les conducteurs; or, ceci est impossible, car aucune source d'énergie n'intervient.

Si on chauffait une soudure, ou un point quelconque du circuit, une énergie étrangère pourrait intervenir, en effet, suivant les lois de

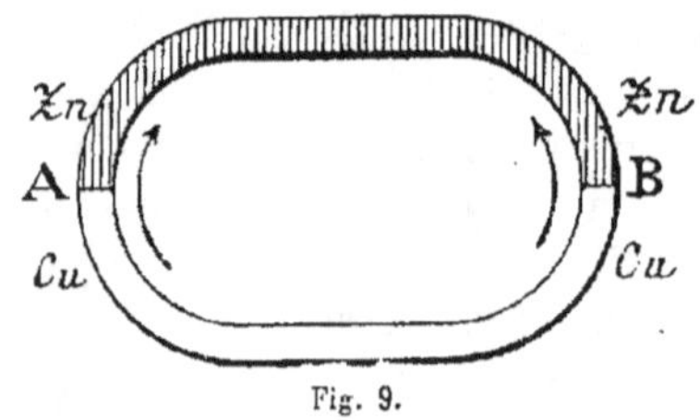

Fig. 9.

la thermodynamique, il y aurait transport de chaleur d'une source chaude (le foyer de chaleur) sur un ensemble plus froid (la soudure) ; l'énergie dépensée par le foyer, ΔU_1, pourrait se décomposer en deux : ΔU_2 et ΔU_3, la première partie servant à échauffer la soudure et le conducteur, la seconde, susceptible d'être transformée en une autre énergie qui pourrait être de l'énergie électrique; c'est ce que nous verrons, en effet, plus loin.

Au lieu de deux métaux, supposons une chaîne formée de n métaux A, B, C, D....., L, M, à la même température, nous allons démontrer l'égalité :

$$A\,|\,B + B\,|\,C + C\,|\,D + \;\ldots\; + L\,|\,M + M\,|\,A = 0.$$

En effet, supposons que la somme précédente ne soit pas identiquement nulle, alors, une différence de potentiel existant dans le circuit fermé, nous aurons, par voie de conséquence, un courant circulant dans le circuit, courant qui échauffera le circuit; or, l'énergie ainsi gaspillée ne sera fournie par aucune source extérieure, donc la somme précédente ne peut pas être différente de zéro.

On en conclut que :

$$A|B + B|C + C|D + \ \ldots \ + L|M = A|M.$$

Et les lois de Volta sont toutes ainsi complètement établies.

Circuits hétérogènes. — Supposons qu'une source S (fig. 10) à potentiel invariable ait, entre ses bornes **A** et **B**, un circuit composé de corps conducteurs M, N, P, Q, R, U de nature différente, mais à la même température; soit E, la force électromotrice de S, on aura :

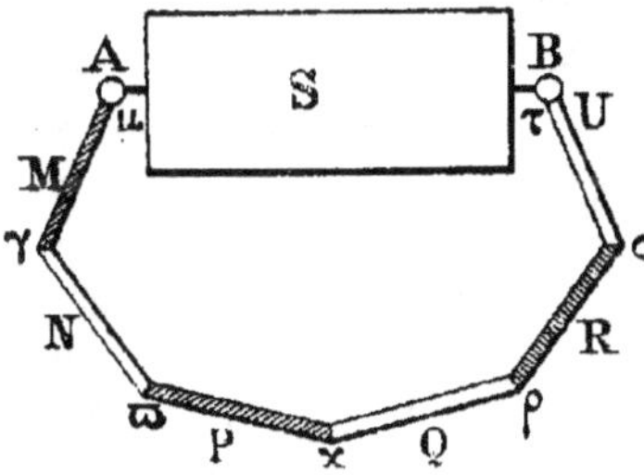

$$E = R.I + A|M + M|N + \ \ldots \ U|B,$$

or,

$$A|M + M|N + \ \ldots \ + R|U + U|B = A|B,$$

et ainsi :

$$E - A|B = R.I.$$

Fig. 10.

On conclut que *le courant circulant dans un conducteur hétérogène, dont toutes les parties sont à la même température, ne dépend pas de la nature des divers métaux composant le conducteur.*

Effet Peltier (1). — Si l'on reprend (fig. 10) l'exemple précédent, on aura, en multipliant les deux membres de la première égalité par I, après avoir posé :

$$A|M = \mu, \quad M|N = \nu, \quad N|P = \sigma, \quad P|Q = \chi, \quad Q|R = \rho, \quad R|U = \sigma, \quad U|B = \tau,$$
$$E.I = RI^2 + \mu.I + \nu.I \ \ldots \ + \sigma.I + \tau.I,$$

ce qui indique que, pendant l'unité de temps, chaque soudure absorbe (ou fournit) de l'énergie au circuit; par exemple, la soudure M|N absorbe (ou restitue) au circuit, suivant le signe de ν, une énergie égale à ν.I pendant l'unité de temps.

S'il y a absorption d'énergie, la soudure s'échauffera; si, au contraire, il y a restitution, la soudure se refroidira. Si l'on change les connexions de la chaîne, c'est-à-dire si l'on connecte (fig. 10) U avec A et M avec B, les soudures qui s'échauffaient, lors du premier montage,

---

(1) Peltier (Jean-Charles-Athanase), savant français, né à Ham en 1785, mort à Paris en 1845. On lui doit la découverte de l'électromètre; s'occupa aussi de météorologie.

se refroidiront, tandis que les soudures qui se refroidissaient d'abord s'échaufferont dans le second cas.

Si, au lieu d'une soudure, on est en présence d'une irrégularité bien nette de constitution d'un conducteur, le même phénomène pourra être vérifié ; ainsi, un métal écroui en un point par une pliure trop forte se comportera, en ce point, comme une soudure. Peltier a, le premier, mis expérimentalement en évidence l'effet dû au passage du courant à travers la surface de contact ou à la soudure de deux métaux d'une même chaîne. On fait, dans les cours, la démonstration de l'effet Peltier à l'aide d'une expérience fort intéressante (fig. 11). Une soudure fer et cuivre est noyée dans l'eau, dont la température est maintenue à zéro degré ; on fait passer un courant *faible* du cuivre au fer, il y a absorption de chaleur par la soudure et on voit de la glace se former autour de cette sou-

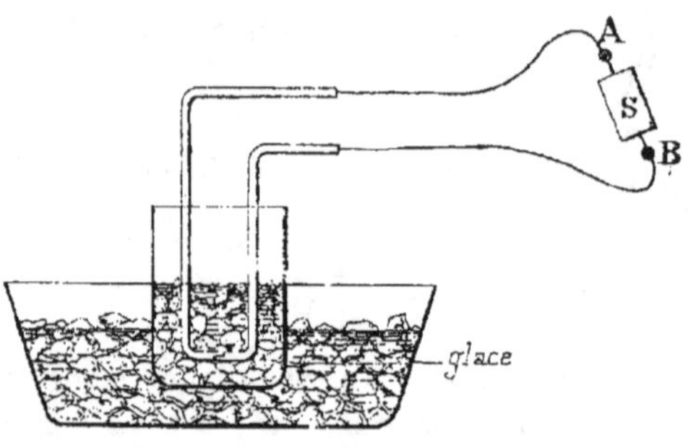

Fig. 11.

dure ; si l'on fait passer alors le courant faible en sens inverse, le phénomène se renverse et la glace formée précédemment fond.

On peut faire en même temps les deux expériences en soudant chaque extrémité d'un fil de fer à un fil de cuivre, les autres extrémités des fils de cuivre étant connectées aux bornes A et B d'une source S ; la première soudure est placée dans de l'eau liquide à 0° et la seconde soudure dans de la glace également à 0°. Si on fait passer un courant faible, il se forme autant de glace, autour de la première soudure, qu'il s'en fond autour de la seconde (fig. 12).

Nous avons insisté sur la nécessité de n'utiliser que des courants faibles pour ces dernières expériences ; c'est qu'avec des courants un peu élevés, la chaleur produite par l'effet Joule serait prépondérante et masquerait l'effet Peltier. En effet, soit q la quantité positive ou négative de chaleur fournie pendant le temps t à l'eau servant de bain à la soudure, soit α la différence de potentiel au contact, r la résistance totale de la partie plongée du conducteur, I le courant traversant le circuit, J la constante thermodynamique, on a :

$$J.q = (I^2 r + \alpha.I)\, t,$$

d'où nous tirons :

$$\frac{d(Jq)}{dI} = (2\, I\, r + \alpha)\, t;$$

si α a le même signe que I, Jq varie toujours dans le même sens lorsque I croît; mais, si α a un signe contraire à celui de I, Jq passe par un minimum, car :

$$\frac{d^2(2q)}{d^2 I} = 2r > 0,$$

pour ce cas, le phénomène ne varie donc pas toujours dans le même sens; de plus, si α et I sont de signe contraire, on pourra choisir I assez grand de façon à ce que $\dfrac{\text{valeur absolue de } \alpha.I}{\text{valeur absolue de } r.I^2}$ soit aussi petit qu'on voudra ; en effet on a :

$$\frac{\text{val. abs. } (\alpha\, I)}{\text{val. abs. } (rI^2)} = \frac{\text{val. abs. } \alpha}{\text{val. abs. } r} \times \frac{1}{\text{val. abs. de } I} = \frac{C^{te}}{\text{val. abs. } I};$$

on voit ainsi que, d'après la forme du second membre, en choisissant I suffisamment grand en valeur absolue, le rapport étudié deviendra aussi petit que l'on voudra; c'est-à-dire que, pour des valeurs assez grandes de I, ce sera rI^2 qui sera, dans $(rI^2 + \alpha I)\, t$, le terme prépondérant. Au contraire, pour I petit, le rapport étudié est aussi grand que l'on voudra; donc, pour de très faibles valeurs de I, c'est αI qui sera, dans $(rI^2 + \alpha I)t$, le terme prépondérant. Si donc, on veut faire ressortir l'influence de α sur les données de l'expérience, il faudra toujours prendre I petit.

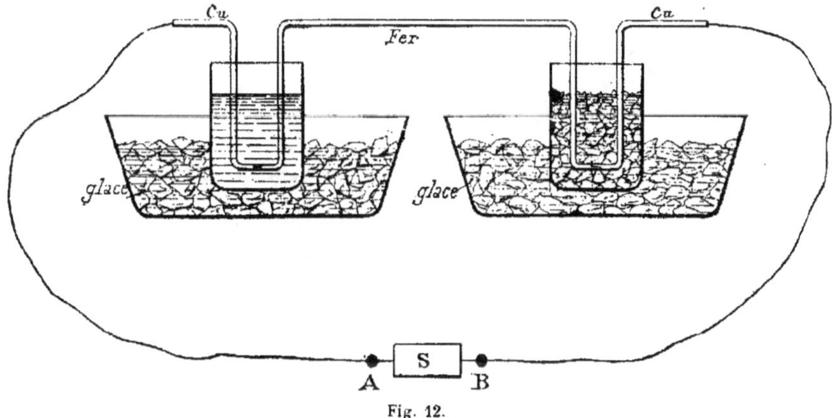

Fig. 12.

Effet Thomson. — Si l'absence d'homogénéité dans la chaîne de conducteurs ne provient plus d'une soudure entre deux métaux différents, mais d'une différence de température entre les divers points d'un métal absolument homogène chimiquement, il se produit, comme l'a montré Sir W. Thomson, un phénomène analogue au phénomène

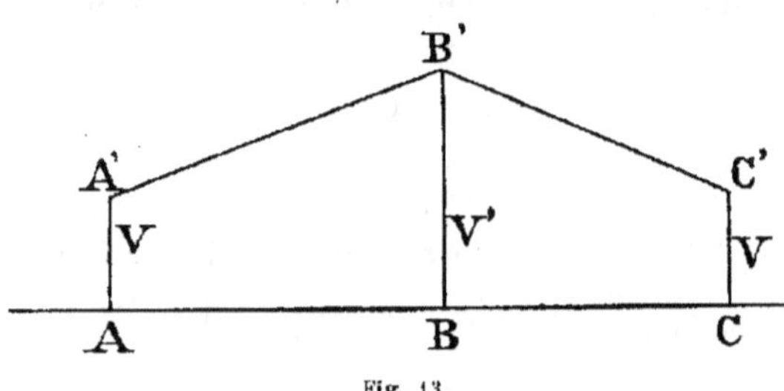

Fig. 13.

Peltier. Ainsi, si l'on prend une barre de cuivre AC de section constante (fig. 13), et qu'on maintienne les points A et C à zéro degré, alors que le point intermédiaire B est maintenu à la température supérieure de T°, le potentiel va en croissant de A à B, et, en décroissant de B à C d'une même quantité. Si le courant va de A vers C, il absorbera de la chaleur de A à B, et, en dégagera la même quantité de B à C.

Avec le fer, le phénomène serait renversé, c'est-à-dire que le potentiel ira en décroissant du point le plus froid au point le plus chaud, et inversement. L'étain, l'aluminium, la platine, le bismuth, etc....., se comportent comme le fer ; tandis que le zinc, l'argent, le cadmium et l'antimoine se comportent comme le cuivre. Le plomb reste insensible à l'effet Thomson. Les métaux qui agissent comme le cuivre sont dits positifs, et, ceux qui se comportent comme le fer sont dits négatifs ; le plomb est dit neutre.

Comme les effets Peltier, les effets Thomson ne doivent pas entrer en ligne de compte dans l'énergie dissipée dans les conducteurs ; car, dans l'un et l'autre cas, l'énergie empruntée en un point du circuit est intégralement restituée en un autre. Ces variations de potentiel et ces transports d'énergie sont d'ailleurs extrêmement faibles.

Thermoélectricité. — Le physicien allemand Seebeck (1) découvrit, en 1821, le moyen de transformer l'énergie calorifique en énergie électrique par l'échauffement d'une soudure d'une chaîne fermée de conducteurs électriques.

---

(1) Seebeck (Jean-Thomas), physicien allemand, né en 1770, mort à Berlin en 1831. Membre de l'Académie de Berlin ; il fit en optique des travaux remarquables. Son fils fut également un savant distingué qui étudia la physiologie de la vue et de l'ouïe, le daltonisme, etc., etc.

Considérons un circuit de deux métaux, bismuth et antimoine soudés en A et B (fig. 14), la soudure B étant à la température ambiante
t_0, on porte la soudure A à une température supérieure t_1 ; à l'intérieur
de la boucle formée par le circuit des deux métaux, on a disposé une
aiguille aimantée destinée à révéler l'existence du courant par sa déviation ; nous verrons expliquée, dans la suite, cette propriété découverte

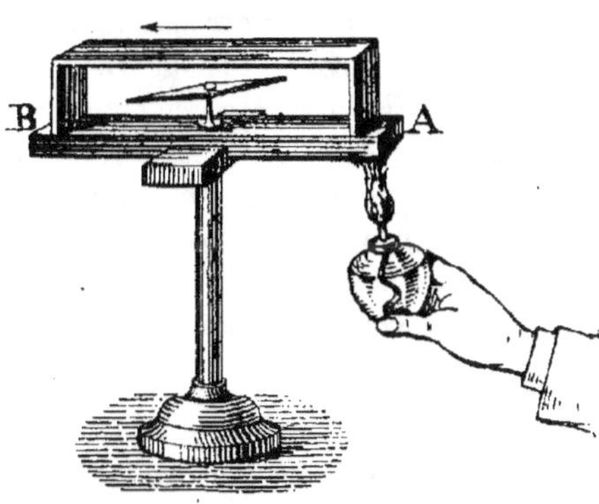

Fig. 14.

par Œrsted. L'aiguille est déviée dès que la soudure A commence à chauffer, mais si l'on laisse refroidir la soudure A, on constate que l'aiguille revient à sa position primitive de repos ; ainsi, un courant se produit dès que les deux soudures présentent entre elles une différence de température, le courant produit va du bismuth à l'antimoine au passage de la soudure chaude ; on dit que le bismuth est *positif* par rapport à l'antimoine ;
et, réciproquement que l'antimoine est négatif par rapport au bismuth.

Nous donnons ci-dessous une liste dans laquelle chaque métal est
positif par rapport à ceux qui le suivent et négatif par rapport à ceux
qui le précèdent.

Bismuth	Manganèse	Or
Nickel	Argent	Zinc
Platine	Étain	Fer
Palladium	Plomb	Arsenic
Cobalt	Cuivre	Antimoine

Le phénomène s'accentue, *pour certains couples*, à mesure qu'on
élève la température t_1 de la soudure chaude, mais c'est l'exception. Si
l'on intercale un galvanomètre dans le circuit, on reconnaît, en élevant
progressivement la température d'une des soudures, que la déviation
augmente ; elle atteint un maximum, puis elle diminue, pour enfin
changer de sens, après son passage par zéro. Ce passage par zéro constitue le *phénomène d'inversion*, signalé par Cumming en 1823 ; il a lieu
à une température variable qui s'écarte autant de la température cor

respondant au maximum que celle-ci de la température de la soudure froide. Pour le couple cuivre-fer, le courant atteint un maximum pour $t = 274^\circ$ centigrades.

Lois expérimentales. — On a démontré expérimentalement les trois lois suivantes :

1° *Si un circuit présente deux soudures, la force électromotrice obtenue, en portant la soudure chaude à la température t_1, la soudure froide à la température t_0, est la somme des forces électromotrices qu'on obtiendrait en portant une première fois la soudure froide à la température t_0 pendant que la soudure chaude serait maintenue à la température θ ; puis en portant, une seconde fois, la soudure froide à la température intermédiaire θ et la soudure chaude à la température t_1.*

Cette loi se traduira symboliquement par la formule :

$$E^{t_1}_{t_0} = E^{\theta}_{t_0} + E^{t_1}_{\theta} ;$$

2° *Si l'on a trois métaux, A, X et B et qu'on forme trois chaînes successivement, une composée des métaux A et X, la seconde des métaux X et B, la troisième des métaux A et B ; si, de plus, dans chaque chaîne, on porte la soudure froide à la température t_0, la soudure chaude à la température t_1 ; on aura :*

$$E^{t_1}_{t_0}(A.B) = E^{t_1}_{t_0}(A.X) + E^{t_1}_{t_0}(X.B),$$

où les E représentent les différences de potentiel déterminant le courant;

3° *Dans un circuit unimétallique, les inégalités de température n'engendrent pas de courant (loi de Magnus).*

Les phénomènes thermoélectriques ne sont pas dûs uniquement à l'effet Peltier.

Les forces électromotrices de contact sont fonction de la température, le phénomène d'inversion le prouve, mais les forces électromotrices de contact ne sont pas *seules* en jeu dans les phénomènes de thermoélectricité, comme nous allons, d'ailleurs, le démontrer facilement.

Soient Σ_1 et Σ_0 les valeurs des forces électromotrices de contact aux températures t_1 de la source chaude et t_0 de la source froide. Si elles intervenaient seules, la force électromotrice efficiente du couple serait $\Sigma_1 - \Sigma_0$; par *unité d'électricité transportée*, le couple emprunterait l'énergie Σ_1 à la source chaude, il rendrait Σ_0 à la source froide;

la différence $\Sigma_1 - \Sigma_0$ serait dissipée dans le circuit par l'effet Joule. Ce raisonnement est parfaitement rigoureux jusqu'à ce que nous ayons atteint la température d'inversion; mais alors le courant change de signe, c'est de l'énergie qui se trouverait empruntée à la source *froide* pour être, en partie, restituée à la source *chaude*, qui s'échaufferait davantage; autrement dit: il y aurait transport de chaleur d'un corps froid sur un corps chaud, sans dépense d'énergie; c'est absolument *contraire au principe de Sadi-Carnot* (1), sous la forme donnée par Clausius.

Il faut donc faire intervenir les phénomènes électro-calorifiques qui se rapportent à un même métal; autrement dit, on doit faire intervenir les phénomènes Thomson et ceux que l'on peut constater chaque fois qu'un conducteur change de contexture moléculaire. Deux exemples feront mieux comprendre l'idée présentée.

Si un fil de cuivre parfaitement homogène est évidé au tour, *à une faible vitesse*, de façon à présenter des diamètres différents, on constate qu'en chauffant un des points de discontinuité des diamètres, on n'obtient aucun courant ; tandis que si (fig. 15), on tord un peu rudement un fil de platine, puis qu'on chauffe une des extrémités de la spirale placée dans un circuit conducteur fermé, on constate un courant dans le circuit allant de la soudure chaude à la spirale. A la naissance de la spirale, il y a eu changement

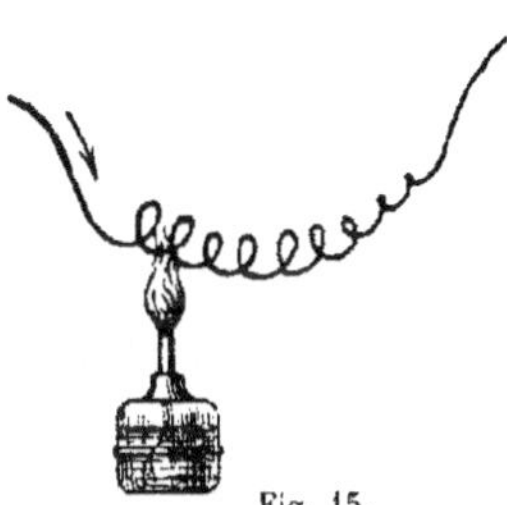

Fig. 15.

de contexture, car le métal s'est écroui; et, tout se passe, si l'on vient à chauffer en *ce point*, comme si, *en ce point*, on était en présence de la surface de séparation de deux métaux distincts.

Ceci posé, soit un circuit formé de deux métaux M et N; soit t_1 la température de la soudure chaude A, t_0 la température de la soudure relativement froide B, μ la variation de potentiel sur M, ν la variation de potentiel sur N, enfin Π la force électromotrice de contact des soudures; on aura pour force électromotrice dans le circuit :

$$E_{t_0}^{t_1} (M.N) = \mu - \nu + \Pi_{t_1} - \Pi_{t_0},$$

Or, si, après le métal M, on fermait la boucle par un conducteur de

---

(1) Carnot (Nicolas-Léonard-Sadi), fils aîné du grand Carnot, né à Paris en 1796, mort en 1832 du choléra. Carnot est le véritable fondateur de la thermodynamique et par suite de la physique moderne.

même métal que M, on n'aurait, d'après la loi de Magnus, auçune force électromotrice résultante dans le circuit; ainsi μ et ν ne dépendent pas de la forme des circuits, mais seulement des températures successives; μ sera donc l'intégration des successives augmentations de potentiel dues à l'effet Thomson le long de la barre M, ainsi μ et ν seront de la forme :

$$\mu = \int_{t_0}^{t_1} H_M.dt \qquad \nu = \int_{0}^{t_1} H_N.dt$$

formules dans lesquelles H_M est tel que si, entre deux points très voisins du métal M présentant une différence de température dt, il résulte une différence de potentiel dV dû à l'effet Thomson, on a :

$$H_M = \frac{dV}{dt}$$

et l'avant-dernière formule deviendra :

$$E_{t_0}^{t_1} (M.N) = \int_{t_0}^{t_1} (H_M - H_N)\, dt + \Pi_{t_1} - \Pi_{t_0}.$$

On remarquera que, si l'on forme les trois expressions $E_{t_0}^{t_1}$ (M.N), $E_{t_0}^{t_1}$ (M.P), $E_{t_0}^{t_1}$ (P.N), on retrouve théoriquement la deuxième loi expérimentale énoncée plus haut.

Si l'on suppose t_0 constant, et si l'on différentie par rapport à t_1, on aura :

$$\frac{dE}{dt} = H_M - H_N + \frac{d\Pi}{dt}.$$

L'expression $\frac{dE}{dt}$ joue un rôle intéressant dans la théorie des phénomènes thermoélectriques, on l'a appelée : *pouvoir thermoélectrique du couple MN à la température t_1.*

Si maintenant, on différentie la formule qui traduit la deuxième loi expérimentale donnée plus haut, on obtient :

$$\left(\frac{dE}{dt}\right)_{MN} = \left(\frac{dE}{dt}\right)_{MP} + \left(\frac{dE}{dt}\right)_{PN}$$

Ce qui exprime que le pouvoir thermoélectrique du couple MN est égal à la somme des pouvoirs thermoélectriques des couples (MP) et (PN); il en résulte qu'*il suffit de déterminer les pouvoirs de divers métaux par rapport à l'un d'eux, le plomb, par exemple, pour en déduire le pouvoir d'un couple de deux métaux quelconques.*

Étude expérimentale des couples. — Gaugain, évaluant numériquement la valeur de E en fonction de la température t, a trouvé que la force thermoélectrique des couples étudiés par lui dans des limites étendues de température, peut être représentée par une parabole (fig. 16). La valeur E est nulle lorsque les deux soudures sont à la même température de la source froide t_0; E est maximum pour le point d'inversion; pour cette valeur de E, le pouvoir thermoélectrique s'annule en changeant de signe. On appelle température neutre la température t_n correspondant à ce passage par zéro du pouvoir thermoélectrique; *cette température est fixe;* enfin E s'annule à nouveau pour une valeur de t' égale à $2t_n - t_0$; pour des valeurs de t supérieures à t', E change de signe.

Supposons tracées (fig. 16), les courbes correspondant aux deux couples de métaux (MX) et (NX), avec la condition que la source

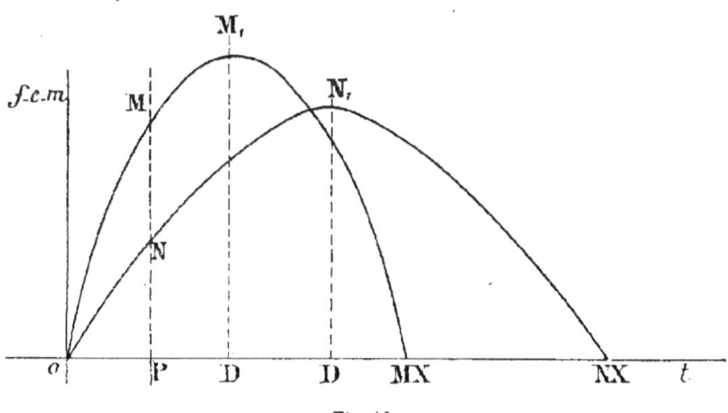

Fig. 16.

froide, dans l'une et l'autre série d'expériences, garde la même température, zéro, par exemple; on aura, en vertu de la deuxième loi :

$$E_0^t\,(M.N) = E_0^t\,(M.X) - E_0^t\,(N.X)\,,$$

c'est-à-dire que si l'on a OP $= t$:

$$E_0^t\,(M.N) = MP - NP = MN\,,$$

Puisque, assez rigoureusement, ces courbes représentatives sont des paraboles, E et t seront liés par une expression de la forme :

$$\mathrm{E}^{t}_{t_0} = \frac{a}{2}(t - t_0)(t' - t).$$

Ou, en remplaçant t' par sa valeur $2t_n - t_0$, on aura :

$$\mathrm{E}^{t}_{t_0} = a\left(t - t_0\right)\left(t_n - \frac{t + t_0}{2}\right);$$

on en déduit immédiatement :

$$\frac{d\mathrm{E}}{dt} = a\,(t_n - t).$$

La valeur de E_{t_0} a fait le sujet de travaux expérimentaux en 1871 de la part de M. Tait (1).

On peut encore étudier les phénomènes à l'aide de diagrammes indiqués par M. Tait. Supposons que nous représentions les pouvoirs thermoélectriques, $\varphi = \dfrac{d\mathrm{E}}{dt}$, par une courbe telle que les ordonnées donnent les valeurs de φ, en prenant pour abscisses les températures correspondantes ; comme on a très sensiblement :

$$\varphi = a\,(t - t_n),$$

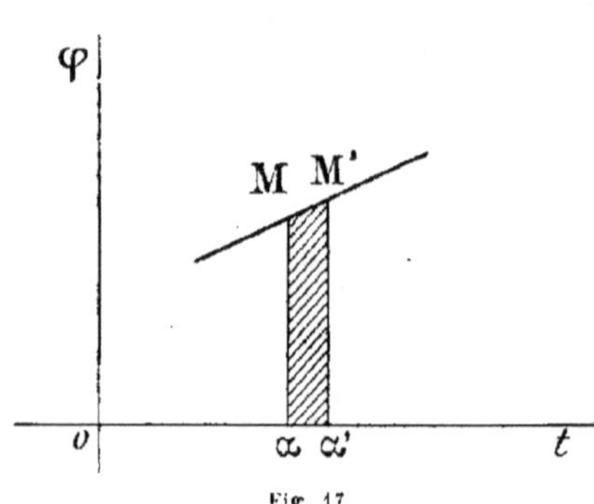

Fig. 17.

ces courbes seront des droites (fig. 17) ; si, aux deux points voisins M et M', on mène les ordonnées correspondantes, on aura :

$$\text{Aire } (\mathrm{M}\alpha\alpha'\mathrm{M}') = \mathrm{M}\alpha \times dt = \frac{d\mathrm{E}}{dt}dt = d\mathrm{E}.$$

Il résulte alors, d'après la première loi dite des températures successives, que l'aire, comprise entre la droite et deux ordonnées quelconques correspondantes aux abscisses t et t_0 des soudures, représentera la force électromotrice relative à ces températures t et t_0 des soudures.

---

(1) Tait (Peter-Guthrie), mathématicien et physicien anglais, né en Ecosse en 1831. A publié divers ouvrages dont la *Théorie des quaternions d'Hamilton*, traduit en français.

Si nous considérons deux couples (A,X) et (B,X) de métaux, au premier correspondra (fig. 18), la droite NN″; et, au second, la droite MM″; ces droites se couperont en S; la différence MN des deux ordonnées Mα et Nα représente, pour la température Oα, le pouvoir thermoélectrique du couple formé des deux métaux A et B. Le point S correspond évidemment à la température neutre Oσ relative aux métaux A et B.

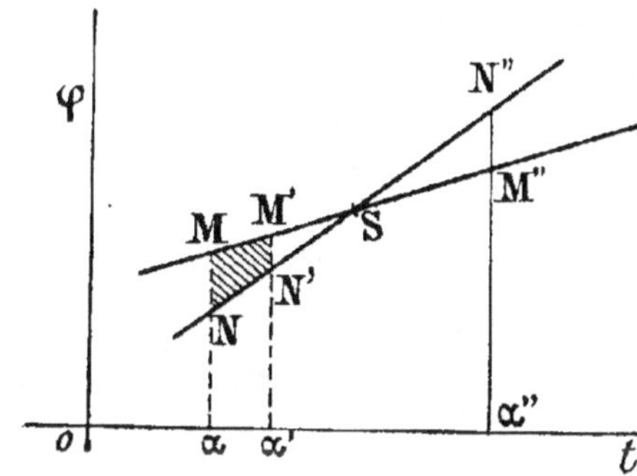

Fig. 18.

La force électromotrice du couple (AB) est, il est très facile de s'en rendre compte, représentée pour les températures Oα et Oα' des deux soudures par l'aire MM′N′N. Pour une température fixe de la soudure froide, cette aire va sans cesse en croissant jusqu'à ce que la température de la sou-

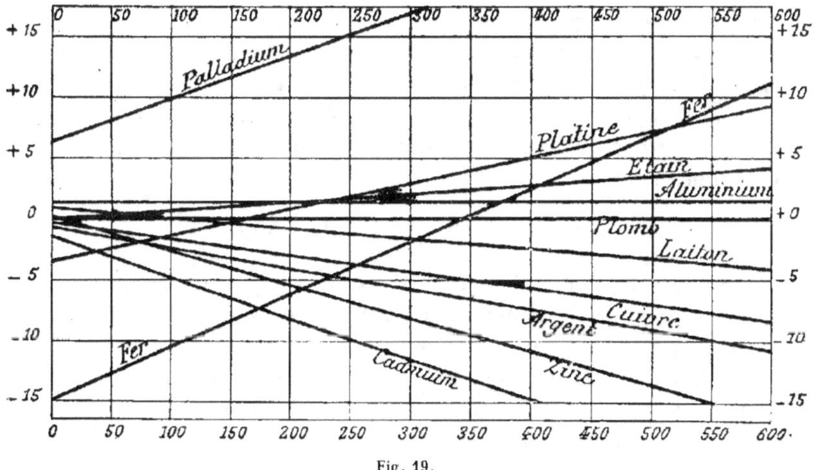

Fig. 19.

dure chaude atteigne la température du point neutre; au delà de ce point, la partie d'aire considérée doit être prise avec le signe moins, car cette aire est une différence dont les termes ont été permutés par le passage au point neutre S.

M. Tait a dressé les diagrammes des pouvoirs thermoélectriques d'un grand nombre de métaux par rapport au plomb. Le plomb a été choisi comme métal de comparaison, parce qu'ainsi que Leroux l'a reconnu, il est neutre par rapport à l'effet Thomson. La figure 19 de la page précédente donne quelques-uns de ces diagrammes établis expérimentalement. Toutes les courbes, sauf celles du fer et du nickel, sont des droites ; ainsi, les renseignements que ces diagrammes peuvent fournir se liront immédiatement et d'une façon sûre.

Théorie des phénomènes thermoélectriques. — Considérons un circuit bimétallique AB formant un couple thermoélectrique attelé à une petite machine magnétoélectrique. Comme on peut choisir cette petite machine, on la supposera de force électromotrice e assez peu différente de la force thermoélectrique E du couple pour que :

$$\frac{E-e}{E} = \frac{Ri}{E} = \frac{Ri^2}{Ei}$$

soit aussi petite que l'on voudra, c'est-à-dire que l'énergie gaspillée, par effet Joule dans la résistance R du circuit, soit *négligeable* par rapport à l'énergie totale Ei que le couple fournira.

Si $E-e$ est positif, le courant circulera dans un sens, si $E-e$ est négatif, le courant circulera en sens contraire ; et, le couple fournira, ou demandera, à la machine une quantité d'énergie égale à e pour *chaque unité d'électricité en circulation*. Dans l'un et l'autre cas, les énergies calorifiques :

$$\Pi_{t_1} - \Pi_{t_0} \qquad \text{et} \qquad \int_{t^0}^{t_1} (H_M - H_N)\, dt,$$

que les effets Peltier et Thomson mettront en jeu, resteront les mêmes en valeur absolue, mais ils changeront de signe en même temps que le courant. Le phénomène sera donc *réversible*, au sens attaché à ce mot par la thermodynamique, car, seule l'énergie négligeable dissipée par effet Joule, Ri^2, ne changera pas de signe en même temps que le courant. De plus, après le passage du courant, on pourra, au moyen de sources de chaleur ou de froid, rétablir identiquement l'état primitif du circuit; dans ces conditions, il sera permis d'appliquer le principe de Carnot, sous la forme donnée par Clausius :

$$\Sigma \frac{Q}{T} = 0,$$

où Q désignera la quantité de chaleur fournie, pendant le passage de l'unité d'électricité, à une partie du circuit ayant une *température absolue* T. Dans le phénomène thermique résumé par la formule suivante précédemment trouvée :

$$E_{T_0}^{T_1}(M, N) = \int_{T_0}^{T_1}(H_M - H_N)\,dT + \Pi_{T_1} - \Pi_{T_0}.$$

et dans laquelle nous avons remplacé les degrés centigrades par les températures absolues, toutes les énergies calorifiques Q mises en jeu dans le circuit, pendant l'unité de temps se composent :

(*a*) de : $\Pi_{T_1} \times i \times \dfrac{1}{J}$ à la température T_1, J étant l'équivalent mécanique de la chaleur;

(*b*) de : $\Pi_{T_0} \times i \times \dfrac{1}{J}$ à la température T_0;

(*c*) des éléments de l'intégrale de la forme $H.\,i.\,dT.\,\dfrac{1}{J}$ le long des conducteurs M et N; l'équation de Clausius sera donc, en supprimant le facteur commun $i \times \dfrac{1}{J}$:

$$\int_{T_0}^{T_1}\frac{H_M - H_N}{T}\,dT + \frac{\Pi_{T_1}}{T_1} - \frac{\Pi_{T_0}}{T_0} = 0.$$

Supposons la soudure froide à une température fixe, et différentions par rapport à T_1, nous aurons :

$$\frac{H_M - H_N}{T} + \frac{d}{dT}\left(\frac{\Pi_T}{T}\right) = 0.$$

Mais, on a établi quelques paragraphes plus haut, la relation :

$$\frac{dE}{dT} = H_M - H_N + \frac{d(\Pi_T)}{dT}.$$

On en déduit naturellement :

$$\Pi_T = T \times \frac{dE}{dT},$$

$$H_M - H_N = -T\frac{d^2E}{dT^2}.$$

Si l'on compare tous les **métaux** avec le plomb pour lequel, d'après Leroux, l'effet Thomson est nul, on aura :

$$H_M = - T \frac{d^2 E}{dT^2}.$$

Comme nous avons admis, d'après les vérifications **expérimentales** de Tait, la formule :

$$\frac{dE}{dT} = a\,(T_n - T),$$

on en déduira immédiatement :

$$\Pi_T = aT\,(T_n - T),$$

$$H_M = a\,T.$$

Le coefficient a est relatif au couple (M et Pb), nous le désignerons par a_M ; si on prenait un autre couple (N et Pb) on aurait un autre coefficient a_N et les formules générales pour le couple (M, N) seront :

$$\frac{dE}{dT} = (a_M - a_N)\,(T_n - T)$$

$$\Pi_{(M,N)} = (a_M - a_N)\,T\,(T_n - T)$$

$$H_M - H_N = (a_M - a_N)\,T$$

Piles thermoélectriques. — Les forces thermoélectriques sont toujours extrêmement faibles ; une des plus considérables, relatives au couple bismuth antimoine, que l'expérience démontre être très sensiblement proportionnelle à la différence de température des soudures, dans l'intervalle de 0 à 100° C, tout au moins donne 57 microvolts par degré soit $5,7 \times 10^{-3}$ volt, pour une différence de 100° entre les soudures. Toutefois comme les résistances intérieures entièrement métalliques sont faibles, on peut arriver à obtenir des courants intenses.

Les piles thermoélectriques développent, en somme, une très faible énergie pour leur volume, les piles du genre Clamond, pour la production de l'énergie, ont donc des usages à peu près nuls dans la pratique ; les seuls services principaux que peuvent rendre les piles thermoélectriques sont d'être susceptibles d'utilisation comme thermoscopes. Les types d'appareils de ce genre sont : la pile Melloni et les pyromètres.

Le couple thermoélectrique a été employé avec avantage pour la mesure des très basses températures; ses indications restent jusqu'à 73° *absolus*, soit : — 200° C, en parfait accord avec les indications du thermomètre à hydrogène. Au delà, les deux thermomètres ne restent plus d'accord, mais il y a lieu d'accorder plus de confiance au couple thermoélectrique qu'au thermomètre à hydrogène.

La pile Clamond est composée des éléments suivants : fer et un alliage de zinc avec l'antimoine à proportions égales. Ces métaux sont soudés ensemble de façon à former une chaîne circulaire; l'ensemble est monté sur une couronne en terre réfractaire. On a ainsi, en élévation, plusieurs étages de plateaux séparés soigneusement les uns des autres avec de l'amiante. Les soudures intérieures sont chauffées à l'aide d'un brûleur à gaz placé dans la partie centrale, les soudures extérieures sont refroidies par l'atmosphère (fig. 20 et 21).

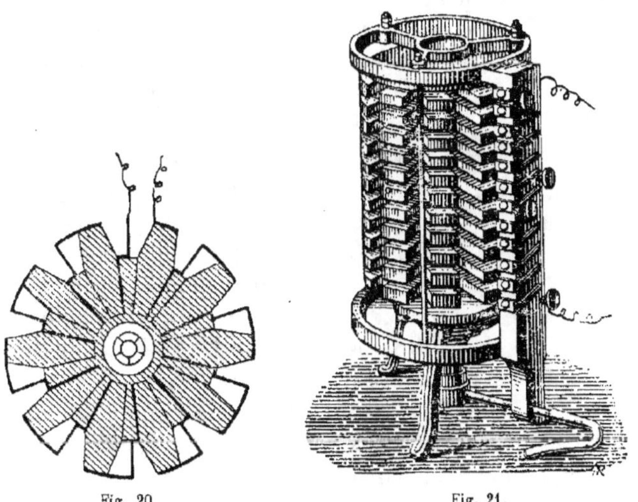

Fig. 20.   Fig. 21.

La *pile Melloni* (fig. 22 et 23), est formée de petits barreaux d'antimoine alternant avec des barreaux de bismuth disposés de façon à ce que les soudures paires soient d'un côté, les soudures impaires de l'autre; la chaîne est repliée sur elle-même de manière à ce que les couples soient isolés, tout en affectant dans leur ensemble la forme d'un parallélipipède rectangle; les faces C et D sont celles qui correspondent aux soudures, ces faces sont recouvertes de noir de fumée et protégées par des écrans E et E'. Les deux pôles de la pile sont mis

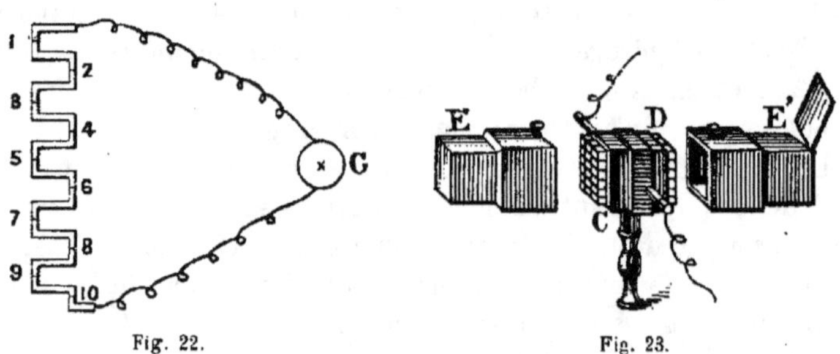

Fig. 22.   Fig. 23.

en communication avec un galvanomètre à faible résistance; une variation de température excessivement faible entre les deux faces suffit pour produire une déviation sensible de l'aiguille du galvanomètre.

Les *aiguilles thermoélectriques*, imaginées par A. Becquerel (1), ne diffèrent de la pile Melloni (fig. 24) que par un nombre plus restreint de

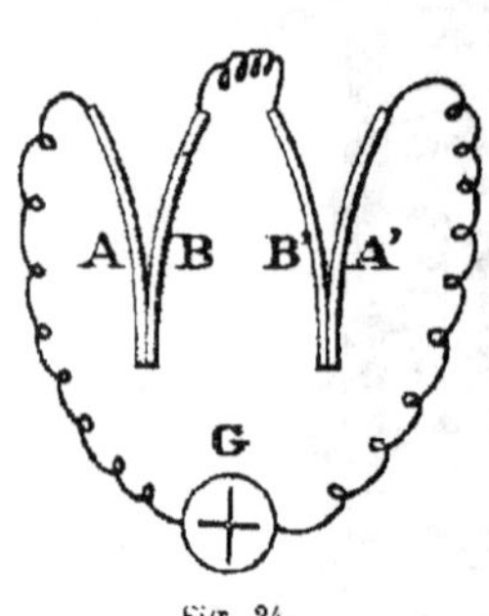

Fig. 24.

soudures. Chacune des aiguilles est formée de deux fils, l'un de cuivre A, l'autre de fer B; les deux aiguilles sont réunies par leurs extrémités identiques, puis on intercale un galvanomètre dans le circuit. On enfonce l'une des aiguilles au point inaccessible au réservoir d'un thermomètre, point dont on cherche à déterminer la température; l'autre aiguille est placée dans un liquide dont on fait varier la température de manière à ramener le galvanomètre à sa position de repos. Un thermomètre placé dans le bain donnera alors la température égale des deux soudures. Cet appareil est souvent utilisé en médecine.

Le *pyromètre Le Chatelier* est constitué (fig. 25) par un couple platine-platine rhodié qui peut supporter des températures de 1200° C; le galvanomètre, qui sert à la mesure, est du type Deprez-d'Arsonval, le cadre de cet appareil est en fil de maillechort. Sous l'influence de la température à laquelle une des soudures est soumise, on obtient

---

(1) A. Becquerel, né à Châtillon-sur-Loing (Loiret) en 1788, mort à Paris en 1878. Un des créateurs de l'électrochimie, membre de l'Institut en 1829. Père d'Edmond, décédé en 1891, et grand-père d'Antoine-Henri, décédé en 1908.

un courant électrique qui donne une déviation au galvanomètre. La graduation empirique de l'appareil se fait en plongeant la soudure destinée à être chauffée dans des bains de métaux en fusion dont on

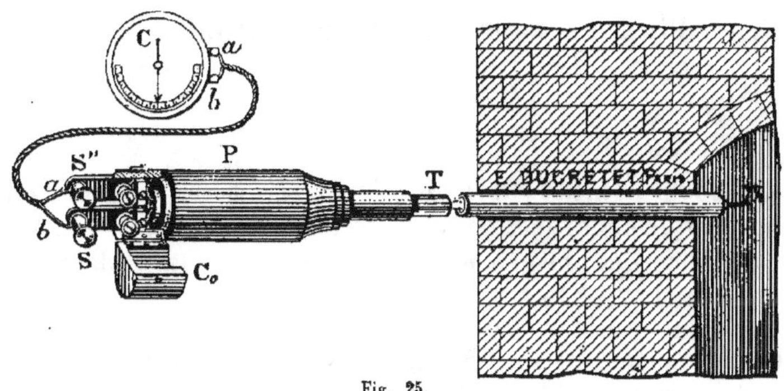

Fig. 25.

connaît la température exacte de fusion, on note les déviations correspondantes à ces températures connues.

Plomb fondu..................	325° C
Zinc fondu...................	415° C
Soufre bouillant..............	448° C
Aluminium fondu.............	625° C
Argent fondu.................	945° C
Cuivre fondu.................	1054° C

CHAPITRE III

Piles. — Conductibilité des Liquides.

Pour établir la théorie de la pile, il nous sera nécessaire de donner préalablement quelques aperçus sur l'électrolyse; nous renverrons pour l'étude complète des phénomènes électrolytiques au fascicule spécial traitant du sujet.

Notions d'Électrolyse. — Si, après avoir relié les pôles A et B (fig. 26) d'une source S à force électromotrice constante par un conducteur, on sectionne ce conducteur, puis si l'on noie chacune des extrémités dans un liquide, de manière à ce que le circuit extérieur soit complété par une tranche liquide, il peut arriver deux cas :

1º Le liquide se comporte comme un isolant parfait, il n'y a pas la moindre trace de courant. — Tel serait le cas de l'eau pure;

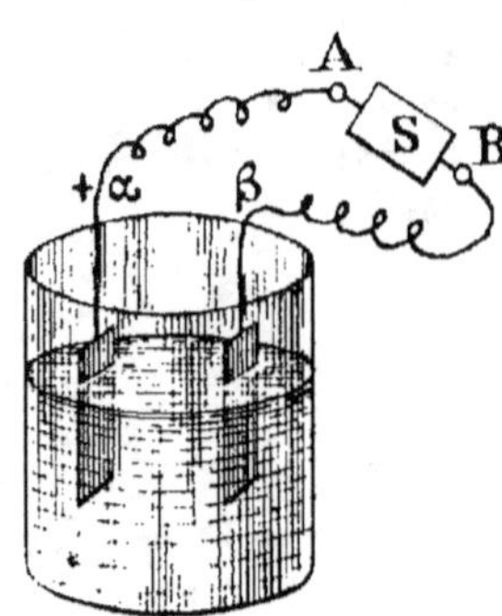

Fig. 26.

2º Le liquide se comporte comme un conducteur et un courant traverse le liquide. Si le liquide est un corps simple : métal fondu ou mercure, on a bien évidemment aucune décomposition; mais, si le liquide est un corps composé, ce liquide est *toujours*, dans ce cas, décomposé.

Un corps conducteur simple se laisse traverser par le courant, il s'échauffe sous cette action, mais aucun phénomène chimique ne peut être relevé; tandis que, si un liquide conducteur est traversé par le courant, *on vérifiera toujours une décomposition correspondante* à la quantité d'électricité mise en jeu.

Ce phénomène, qui a reçu le nom d'électrolyse, est de ceux dont les lois se vérifient le plus mathématiquement.

Le liquide conducteur s'appelle *l'électrolyte*; l'extrémité du conducteur, qui plonge dans le liquide et qui communique avec le pôle positif de la source, s'appelle *électrode positive* ou *anode*; l'extrémité du conducteur, qui plonge dans le liquide et qui communique avec le pôle négatif de la source, s'appelle *électrode négative* ou *cathode.*

Les liquides à l'état de pureté, du genre dé l'eau, de l'alcool, de l'éther, ne sont pas conducteurs; tandis que les sels, à l'état liquide, en dissolution ou fondus, sont propres à l'électrolyse.

Prenons comme exemple une dissolution de sulfate de cuivre; choisissons comme anode et comme cathode deux fils d'un même métal absolument inaltérable, le platine, par exemple. Faisons passer le courant, la cathode va se recouvrir d'un dépôt de cuivre, et à l'anode, on pourra constater le dégagement de l'oxygène avec production d'acide sulfurique. On donnera ainsi l'explication du phénomène: le sel SO^4Cu se décompose en cuivre qui est transporté dans *le sens du courant,* tandis que le radical SO^4 est transporté *en sens inverse.* Ce radical, en présence de l'eau de l'électrolyte, donne de l'oxygène et de l'acide sulfurique. Un sel quelconque se comportera comme le sulfate de cuivre.

Les produits de la décomposition n'apparaissent pas *autrement* que sur les électrodes, *le métal à la cathode et le radical à l'anode.* Nous verrons plus loin qu'on peut, par induction électromagnétique, faire naître un courant dans un liquide sans employer d'électrodes; dans ce cas, on constate *qu'il n'y a pas d'électrolyse.*

Un *sel est un corps composé formé par l'union d'un métal à un radical simple ou composé;* on peut encore donner du sel la définition suivante : le *sel est un corps susceptible d'électrolyse.* Cette définition comprend les hydrates métalliques où le groupe OH joue le rôle de radical, ainsi que les acides pour lesquels l'hydrogène joue le rôle de métal.

Faraday a donné aux éléments du sel, dont le courant a provoqué la séparation, le nom *d'ions*; les ions, qui se dirigent sur l'anode, sont les *anions ;* ceux, qui se portent à la cathode, sont appelés les *cathions.* Ainsi, dans l'électrolyte, l'anion remonte le courant, alors que le cathion le descend.

Actions secondaires. — Le plus souvent, des réactions chimiques entre le liquide ou les électrodes, d'une part, et les produits de la décomposition, d'autre part, empêchent les résultats d'apparaître avec la simplicité de la description précédente. Ces actions, qui ne sont pas directement dues à l'action du courant, mais sont consécutives à cette action, sont appelées *actions secondaires*. Elles sont très importantes, parce que, *toujours*, elles se produisent dans les piles.

1º *Actions secondaires à l'électrode positive.* — Nous avons vu, au début de ce chapitre, que si l'on plonge dans une dissolution de SO^4Cu deux électrodes de platine, le cuivre se précipite bien sur la cathode et la recouvre d'un enduit rouge, mais que le radical SO^4 devient acteur d'une action secondaire, de sorte que c'est de l'oxygène gazeux qui se dégage à l'anode, tandis que l'acide sulfurique SO^4H^2 formée reste en dissolution autour de la lame, la réaction chimique est la suivante :

$$SO^4 + H^2O = SO^4H^2 + O.$$

Lorsque le radical n'est pas un corps simple, comme les chlorures, par exemple, et que l'anode est inaltérable, on recueille, comme dans le cas précédent, les produits de la réaction du radical acide sur le liquide électrolytique.

Le liquide électrolytique peut subir aussi autour de la cathode une action oxydante. Dans des conditions appropriées d'expériences, les sels de plomb, d'argent, de manganèse peuvent donner des dépôts de peroxyde.

2º *Électrode soluble.* — Si nous prenons comme anode une électrode du métal qui constitue le sel, par exemple une anode en *cuivre*, avec le sulfate de *cuivre* comme sel, nous constaterons, dans ces conditions, que l'ion SO^4 ne réagira pas sur l'eau, mais se combinera directement avec le cuivre, nous n'aurons plus alors de dégagement d'oxygène, mais la formation d'une quantité de sulfate de cuivre, égale à celle décomposée pendant le même intervalle de temps ; la dissolution aura donc, dans ce cas, une composition absolument constante. Pendant le même espace de temps, la cathode voit se déposer sur elle une quantité de cuivre égale à celle que l'anode a perdue, en sorte qu'en apparence, tout se réduit à un transport de cuivre de l'électrode positive à l'électrode négative. L'anode, qui se dissout peu à peu est appelée *anode soluble*.

3º *Actions secondaires à l'électrode négative.* — On peut d'abord constater une combinaison entre le métal de l'électrode et le métal mis en liberté. Le cas se présente toujours si l'un des métaux est du mercure, soit que la cathode soit du mercure, soit même que le sel de l'électrolyte soit un sel de mercure.

Nous citerons ensuite l'exemple de la décomposition de l'eau par le courant : ce fut, historiquement, la première décomposition obtenue par le courant; cette expérience a été faite, en effet, la première fois en 1800, par Carlisle et Nicholson, quelques mois après l'invention de la pile par Volta (fig. 27). On opère dans un petit appareil qu'on a appelé voltamètre parce que, nous le verrons, il pourra servir à mesurer le courant. C'est un verre à pied, percé à sa partie inférieure de deux trous, dans lesquels sont mastiqués deux fils de platine servant d'électrodes. L'oxygène se dégage à l'anode, l'hydrogène à la cathode ; on obtient deux volumes d'hydrogène contre un volume d'oxygène.

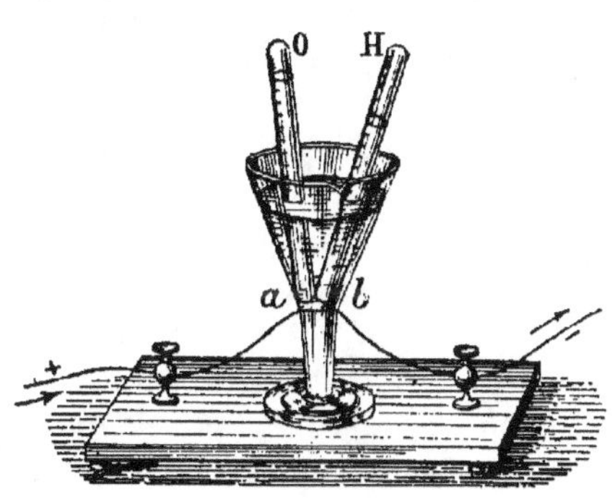

Fig. 27.

En réalité, Carlisle et Nicholson croyaient avoir décomposé l'eau, alors que ce phénomène obéit à la règle générale indiquée aux paragraphes précédents; en effet, pour que l'expérience puisse être réalisée, il ne faut pas prendre de l'eau pure, on n'a jamais observé de véritable électrolyse avec de l'eau pure ; il faut additionner l'eau de SO_4H_2, cet acide peut être considéré comme un sel, dans lequel l'hydrogène joue le rôle de métal; et c'est *ce sel* et *non pas l'eau* qui subit la décomposition, l'acide se reforme d'ailleurs constamment tant qu'il reste de l'eau en excès dans le verre.

A la cathode, il se produit souvent une action réductrice sur l'électrolyte. Par exemple, si l'on électrolyse une solution d'acide sulfurique, additionnée d'acide azotique ou d'acide chromique, on n'observe aucun dégagement d'hydrogène tant que l'intensité du courant est inférieure à une certaine valeur.

Dans l'électrolyse, il se présente toutefois certains faits assez difficiles à expliquer et sur lesquels nous n'avons pas à insister ici, en ce moment.

Phénomène de Hittorf. — Prenons un vase électrolytique séparé en deux vastes compartiments égaux par une cloison C, poreuse (fig. 28); plaçons aux extrémités opposées de ces deux compartiments deux électrodes en platine, A et B, et remplissons chaque partie du vase par une dissolution électrolytique identique. Si l'on fait passer le cou-

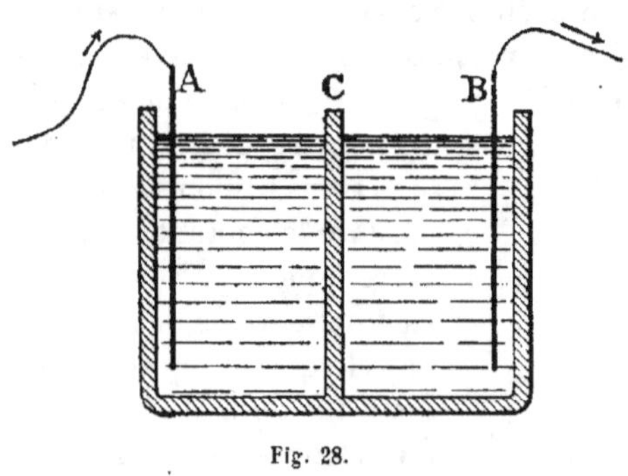

Fig. 28.

rant pendant une durée notable, puis, qu'après avoir interrompu, on analyse les liquides des deux compartiments, on trouvera, dans certains cas, une différence dans l'affaiblissement de l'électrolyte de chaque compartiment. Si, après l'opération, les deux liquides sont semblables, on dit que *l'électrolyse est normale*, dans le cas contraire, on dira qu'*elle est anormale*. Comme exemple *d'électrolyse normale* nous indiquerons la dissolution de sulfate de potassium, tandis que la dissolution de chlorure de calcium offre l'exemple *d'électrolyse anormale*.

Si, dans un tube en U, on décompose du sulfate de cuivre à l'aide de deux électrodes en platine, on constate que la dissolution se décolore surtout du côté de la cathode, par conséquent, l'appauvrissement de cette dissolution est plus rapide du côté de la cathode.

Si maintenant, on sépare les deux parties du tube par une cloison poreuse, puis qu'après avoir laissé le courant passer un temps notable, on analyse le liquide de chaque compartiment, on constatera que, pour un poids $3P$ de cuivre déposé sur la cathode, les deux tiers, ou $2P$, proviennent du compartiment de la cathode, et l'autre tiers, ou P, provient du compartiment de l'anode; de sorte que, la cloison poreuse a été traversée par le tiers du cuivre total décomposé dans le *sens du courant*, tandis que les deux tiers du radical SO^4 la traversait en *sens contraire*. Les deux nombres 0,33 pour le cuivre et 0,66 pour le radical SO^4 sont appelés *les nombres de transport* des ions.

C'est le physicien Hittorf qui a mis ce phénomène en évidence dès 1853. Les sels KCl, SO^4K^2, AzH^4Cl, AzO^3K, AzO^3Ag, SO^4Ag^2 ont des nombres de transport égaux à 0,5; ces nombres sont inégaux dans $NaCl$, $CaCl^2$, $CuSO^4$, etc., etc. Les premiers sont appelés *sels normaux*, les autres *sels anormaux*.

Conductibilité électrolytique. — La conductibilité des électrolytes ne se présente pas comme celle des conducteurs métalliques; tandis que ceux-ci restent *immuables* au cours du phénomène, les premiers sont *décomposés* par le passage du courant. Toutefois, on a constaté, expérimentalement, que les lois d'Ohm et de Joule sont, l'une et l'autre, vérifiées. M. Bouty a effectué des recherches très précises, vers 1884, sur la conductibilité des électrolytes, nous allons les résumer.

La résistance d'une colonne d'électrolyte varie proportionnellement à la longueur et en raison inverse de la section. La *conductivité* est l'inverse de la résistivité.

Cette conductivité varie aussi avec la concentration et la température; on appelle *concentration* le nombre de grammes g de l'électrolyte contenue dans un centimètre cube de dissolution. Par définition, la *dilution* est l'inverse $\frac{1}{g}$ de la concentration, c'est par conséquent le nombre de centimètres cubes de la concentration qui renferment 1 gramme de l'électrolyte.

Également, on appelle *concentration moléculaire* γ le quotient de la concentration g par la *masse moléculaire* M de l'électrolyse. La *dilution moléculaire* δ est l'inverse de la concentration moléculaire.

Pour un même électrolyte, la conductivité augmente avec la concentration et d'une façon sensiblement proportionnelle. Aussi, est-on amené à introduire la notion de la *conductibilité moléculaire* μ, définie comme le quotient de la conductibilité C de la solution par sa concentration moléculaire γ :

$$\mu = \frac{C}{\gamma} = C\delta.$$

Cette conductibilité n'est pas une constante, ainsi que Kohlrausch et M. Bouty l'ont vérifié; si la dilution augmente, μ augmente lentement en tendant asymptotiquement vers une limite, qui correspond à une dilution infinie. D'après M. Bouty, sauf pour les sels de lithium, sodium, calcium et baryum, tous les sels anormaux auraient une même conductibilité moléculaire limite proportionnelle à la valence. Cela résulte des formules empiriques ci-après énoncées; A étant une constante et n la valence du sel, on a, d'après M. Bouty, (en unités électromagnétiques C. G. S.) pour des concentrations inférieures au $\frac{1}{10.000}$:

$$C = 8{,}109 \times 10^{-8} \frac{n\gamma}{1 + A\gamma^{\frac{1}{3}}} (1 + 0{,}0333\,t),$$

et par suite :

$$\mu = 8{,}109 \times 10^{-8} \frac{n}{1 + A\gamma^{\frac{1}{3}}} (1 + 0{,}0333\,t),$$

M. Bouty a donné la valeur de A, dans l'hypothèse $\gamma < 0{,}00025$, pour quelques sels :

Chlorure de zinc............................. $A = 2{,}976$
Azotate de potassium......................... $A = 2{,}40$
Sulfate de potassium......................... $A = 4{,}52$
Sulfure de zinc.............................. $A = 37{,}28$
Azotate de plomb............................. $A = 14{,}06$

Les électrolytes acides et les électrolytes hydrates basiques ne rentrent pas dans les formules précédentes de M. Bouty. Pour l'acide sulfurique très étendu, on aurait, d'après le même auteur :

$$\mu = 31{,}68 \times 10^{-8} \frac{2}{1 + 20{,}93\,\gamma^{\frac{1}{3}}} (1 + 0{,}02108\,t).$$

Lois quantitatives de l'Électrolyse. Lois de Faraday. — PREMIÈRE LOI. — *Si plusieurs vases électrolytiques renfermant le même électrolyte sont placés dans un même circuit non bifurqué, il y a, dans le même temps, à l'intérieur de chacun de ces vases, la même quantité d'électrolyte décomposée.*

L'expérience est facile à installer et à mener, nous n'y insisterons donc pas autrement.

DEUXIÈME LOI. — *La quantité d'un même électrolyte décomposé, dans le même temps, est proportionnelle à l'intensité du courant.*

Faraday disposait dans le circuit principal un vase électrolytique A_1, et, dans chacune des branches dérivées du circuit (fig. 29), il plaçait un vase électrolytique contenant le même électrolytique que A_1; il avait ainsi trois vases A_1, A_2, A_3.

Faraday constatait expérimentalement que, si q_1, q_2, q_3 sont les quantités d'électrolyte décomposées dans A_1, A_2, A_3, on a :

$$q_1 = q_2 + q_3,$$

d'ailleurs, si i_1, i_2, i_3 sont les courants dans les branches correspondantes, on aura, en vertu des lois de Kirchhoff :

$$i_1 = i_2 + i_3.$$

Ces égalités entre quantités positives indiquent que :
Si q_1 est plus grand que q_2, *en même temps i_1 est plus grand que i_2*, donc la quantité décomposée est une fonction croissante du courant,

c'est-à-dire que, lorsque le courant croît, la quantité décomposée croît aussi; il en résulte que: *si, dans le même temps, deux courants constants*

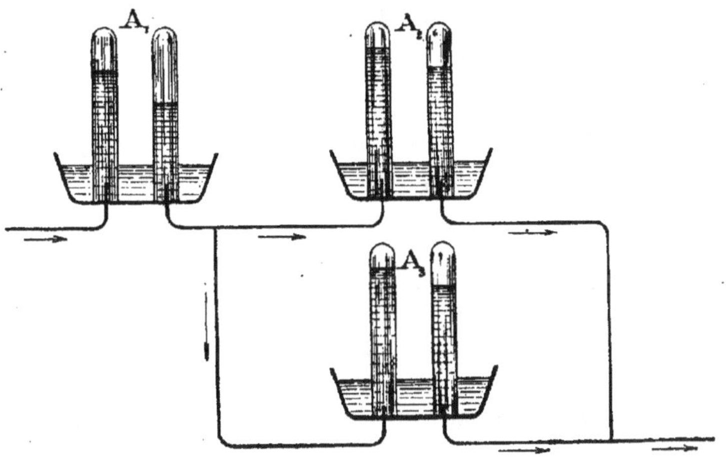

Fig. 29.

décomposent la même quantité d'un même électrolyte, ces courants ont même intensité.

Dans ces conditions, supposons que nous ayons disposé nos résistances de circuits dérivés de la figure 29, de façon que :

$$q_2 = q_3, \text{ alors } i_2 = i_3 ,$$

et comme conséquence :

$$q_1 = 2q_2, \text{ avec } i_1 = 2i_2 .$$

Ainsi, un courant double décompose, pendant le même temps, une quantité double d'un même électrolyte; supposons que nous ayons déjà démontré que le courant $n\,i$ (n étant entier) décompose, pendant le même temps, une quantité d'un même électrolyte n fois plus grande que le courant i seul; nous allons démontrer que le courant $(n+1)\,i$ décompose, pendant le même temps, une quantité d'un même électrolyte $(n+1)$ fois plus grande que le courant i seul.

Il suffira de disposer par tâtonnement des résistances dans les branches dérivées de la figure 29, de façon à ce que :

$$q_2 = nq_3 ,$$

et, par voie de conséquence, d'après notre hypothèse même $i_2 = n\,i_3$;
il résulte alors, des égalités du début, que la quantité :

$$q_1 = nq_3 + q_3,$$

est décomposée par un courant :

$$i_1 = ni_3 + i_3,$$

c'est-à-dire que si :

$$q_1 = (n+1)\,q_3, \quad \text{on a} \quad i_1 = (n+1)\,i_3.$$

On généraliserait alors facilement dans l'hypothèse que le rapport
des courants est fractionnaire, puis incommensurable par les méthodes
classiques connues. La deuxième loi de Faraday est donc *démontrée
dans sa généralité.*

Supposons, maintenant, que nous ayons fait agir, dans *un même
électrolyte,* successivement :
un courant i_1 pendant le temps t_1, la quantité décomposée étant : q_1,
  — i_2 —   — t_2,   —   —   —   : q_2,
. . . . ,
  — i_p —   — t_p,   —   —   —   : q_p,
on aura les relations suivantes entre les intensités de courant et les
quantités décomposées pendant l'unité de temps :

$$\frac{i_1}{\left(\dfrac{q_1}{t_1}\right)} = \frac{i_2}{\left(\dfrac{q_2}{t_2}\right)} = \ldots = \frac{i_n}{\left(\dfrac{q_n}{t_n}\right)} = \mathrm{C^{te}},$$

c'est-à-dire que :

$$\frac{i_1 t_1 + i_2 t_2 + \ldots + i_n t_n}{q_1 + q_2 + \ldots + q_n} = \mathrm{C^{te}}.$$

Le numérateur représente la quantité d'électricité qui a traversé
l'électrolyte pendant la durée de l'expérience; Σq_1 est la quantité
d'électrolyte décomposée, on en déduit immédiatement une autre forme
de la deuxième loi de Faraday:

*La quantité d'un même électrolyte décomposé est proportionnelle à
la quantité d'électricité qui l'a traversé, elle ne dépend pas d'autre chose.*

TROISIÈME LOI. — *Lorsque divers électrolytes sont traversés par
la même quantité d'électricité, les masses des ions déposés aux électrodes
sont proportionnelles aux quotients, par leur valence, de leur masse atomique.*

Cette loi peut se formuler encore de la façon suivante : *Une même quantité d'électricité libère une valence d'un électrolyte quelconque.*

Pour démontrer cette loi, faisons passer le même courant dans trois électrolytes en série : 1° dans un tube contenant du chlorure stanneux maintenu en fusion par une lampe, l'anode étant constituée par une tige de charbon inattaquable par le chlore, et, la cathode par un fil de platine mastiqué dans le tube ; 2° dans un tube semblable garni d'acétate de plomb ; 3° dans un voltamètre à eau acidulée. Lorsque le courant est interrompu, on pèse l'étain et le plomb déposés, et on calcule le poids du volume d'hydrogène mis en liberté dans le voltamètre. Ces poids sont entre eux dans les rapports suivants :

$$\frac{\text{Poids étain}}{59} = \frac{\text{Poids Plomb}}{103} = \frac{\text{Poids d'hydrogène}}{1}.$$

Ces trois membres *s'équivalent chimiquement ;* en effet, considérons les combinaisons de ces trois métaux avec le chlore, nous aurons les trois corps $SnCl^2$, $PbCl^2$, HCl ; c'est-à-dire qu'à un atome de chlore se sont unis : 1° un demi-atome de Sn ; 2° un demi-atome de Pb ; 3° un atome de H, or ces trois quantités sont proportionnelles justement aux nombres 59, 103 et 1. Et *la loi est vérifiée.*

Ainsi une même quantité d'électricité décomposera les poids représentés par :

$$\tfrac{1}{2}(SnCl^2), \ \tfrac{1}{4}(SnCl^4), \ \tfrac{1}{6}[Fe^2(SO^4)^3], \ KCl, \ \tfrac{1}{2}(PbCl^2), \ \tfrac{1}{3}(AuCl^3), \ \tfrac{1}{2}(FeSO^4), \ \text{etc., etc.}$$

La molécule étant exprimée en grammes et rapportée à celle de l'hydrogène admise égale à deux, la quantité d'électricité nécessaire pour la décomposition des poids des corps précédents est égale à 96.600 coulombs.

On appelle *équivalent électrochimique d'un corps simple, la masse qu'un coulomb libère à l'état d'ion.* L'équivalent électrochimique se calculera de la façon suivante : si n est la valence du corps simple, π la masse en gramme de l'atome, l'équivalent sera donné par la formule :

$$\frac{\pi}{n} \times \frac{1}{96.600}.$$

Un même corps simple peut avoir plusieurs équivalents électrochimiques suivant la combinaison à laquelle on se réfère ; ainsi, pour le fer, on trouvera des nombres qui seront entre eux comme 3 et 2, suivant qu'on partira du sulfate ferreux ou du sulfate ferrique.

Dans un *même circuit*, si, quelque part, il a été mis en liberté 1 gramme d'hydrogène, et qu'on sache qu'on a aussi un dépôt d'argent et un dépôt de zinc, on pourra affirmer que 31,8 grammes de cuivre, 108 grammes d'argent et 33 grammes de Zn ont été déposés.

Nous donnons les nombres proportionnels aux équivalents électrochimiques de quelques corps simples en prenant 1 pour nombre relatif à l'hydrogène.

Hydrogène	1	Étain (à l'état stannique)	29,5
Chlore	35,5	Nickel	29
Argent	107,66	Or	65,4
Aluminium	9,1	Zinc	33
Cuivre (à l'état cuivreux)	63,5	Plomb	103
Cuivre (à l'état cuivrique)	31,75	Fer (à l'état ferreux)	28
Étain (à l'état stanneux)	59	Fer (à l'état ferrique)	18,66

Il résulte de ce tableau qu'un coulomb libère :

Cuivre (cuivrique)	0,0003286	gramme.
Argent	0,001118	—
Hydrogène	0,00001035	—
Étain (stanneux)	0,0006106	—
Étain (stannique)	0,0003053	—
Nickel	0,000301	—
Or	0,000679	—
Plomb	0,00107	—
Zinc	0,000342	—

Nous pouvons ainsi donner du coulomb et de l'ampère une définition pratique très simple adoptée par le Congrès tenu à Chicago, 12-17 septembre 1893.

Le coulomb est la quantité d'électricité qui met en liberté 0,001118 grammes d'argent, en traversant une solution aqueuse de nitrate d'argent.

L'ampère est la quantité d'électricité par seconde, qui met en liberté 0,001118 grammes d'argent en traversant une solution aqueuse de nitrate d'argent.

Si un courant *constant* traverse un électrolyte, on pourra déduire sa valeur de la masse d'argent déposée pendant la durée de l'expérience relevée avec soin.

La détermination de la masse d'argent libérée par un coulomb a été évaluée par plusieurs expérimentateurs, nous ne nous étendrons pas sur les précautions prises pour l'exécution de ces mesures délicates, nous nous contenterons de donner les résultats suivants :

En 1882, Mascart...... a trouvé un poids, par coulomb, de	1,1156 milligrammes.
En 1884, Lord Rayleigh —	—	—	1,1179	—
En 1884, Kohlrausch (1) —	—	—	1,1183	—
En 1890, Potier (2) et Pellat —	—	—	1,1192	—
En 1898, Patterson et Guthe —	—	—	1,1192	—
En 1903, Pellat et Leduc —	—	—	1,1195	—
Total.	6,7097	—

Soit une moyenne de...................... 1,1188 milligrammes.

Toutefois les trois dernières expériences ont été exécutées avec un soin extrême, et l'accord des résultats ajoute encore à la confiance qu'on doit donner à la constante numérique trouvée ; il paraît donc probable que la quantité d'argent libérée par un coulomb est 1,1195 milligrammes, on peut en déduire qu'il ne faut pas, pour la décomposition de 1 gramme d'hydrogène, un nombre de coulomb égal à 96.600, mais seulement un nombre égal à 96.450 coulombs environ ; il est évident toutefois qu'on doit s'en tenir aux décisions du congrès international de Chicago.

Mesure de l'intensité du courant par l'électrolyse. — Si π est la masse atomique en gramme d'un corps, n la valence de ce corps simple, la masse libérée par un coulomb est, ainsi que nous l'avons vu plus haut : $\frac{\pi}{n} \times \frac{1}{96.600}$; si nous faisons passer un courant *constant* dans un électrolyte pendant le temps t, la masse M d'un cathion déposée à l'électrode sera, en l'absence de phénomènes secondaires :

$$M = \frac{\pi}{n} \frac{1}{96.600} \times i\,t.$$

On pourra donc baser une mesure du courant à l'aide du temps et de la balance, car, si on connaît le temps t et la masse M déposée à

---

(1) Kohlrausch (Frédéric), physicien allemand, né en 1840, a fait de grands travaux sur l'électrolyse. Fils d'un savant physicien, collaborateur de Weber, qui mourut en 1858.

(2) Potier, savant français, ingénieur des mines, membre de l'Institut, mort vers 1906.

la cathode, **toutes** les quantités de la formule précédente seront connues sauf i qui sera **ainsi** déterminé immédiatement.

Il faudra choisir un **métal** formant un dépôt bien adhérent à la cathode, il faudra aussi avoir **une liqueur** exempte de tout acide, et, se servir d'une anode parfaitement **attaquable** par le radical acide, sans ces précautions, en effet, les actions **connexes** masqueraient les résultats. On emploie, dans ce but, des sels d'argent; **d**'après M. Leduc, en opérant sur l'azotate d'argent, on peut prétendre à **une** précision de $\frac{1}{1000}$ dans la mesure de l'intensité du courant.

Mélange d'électrolytes. — Si l'on a un mélange d'électrolyte, ceux-ci sont décomposés simultanément par le passage du courant, de telle façon que les électrodes reçoivent des ions provenant des divers électrolytes. Si $\pi_1, \pi_2, \ldots \pi_p$ sont les masses atomiques de chacun des cathions entrant dans les électrolytes du mélange, $n_1 \, n_2 \ldots$ les valences de ces corps, et $M_1, M_2, \ldots M_p$, les masses de chacun des cathions déposées simultanément à la cathode, on a pour la quantité d'électricité q qui a traversé le mélange :

$$q = \frac{n_1}{\pi_1} \times 96.600 \times M_1 + \frac{n_2}{\pi_2} \times 96.600 \times M_2 + \ldots + \frac{n_p}{\pi_p} \times 96.600 \times M_p.$$

Phénomène de la Polarisation des Électrodes. — Si, dans une dissolution de sulfate de zinc, nous disposons deux électrodes bien propres en platine, nous constaterons, à l'aide d'un électromètre, qu'entre ces deux électrodes n'existe aucune différence de potentiel. Ceci fait, faisons passer un courant en reliant ces électrodes aux deux bornes d'une source S dont la force électromotrice conservera un signe constant; le sulfate de zinc sera décomposé, sur l'anode se déposera de l'oxygène qui sera en partie absorbé par le platine; de plus, autour de cette électrode s'accumulera de l'acide sulfurique; quant à la cathode, sur elle, se déposera du zinc. Les conditions primitives ont donc été changées; au lieu d'avoir, dans le sulfate de zinc en dissolution, deux électrodes *identiques*, nous avons, comme cathode, une électrode en apparence semblable, *quant à la surface*, à une électrode en zinc; au lieu de la symétrie du début, nous avons donc une dissymétrie complète. Si, maintenant, on supprime la source, puis qu'on place, entre les électrodes du bain, un électromètre, on constatera qu'il existe, entre les deux tiges de platine, une différence de potentiel; l'électrode recouverte de zinc sera à un potentiel moins élevé que l'autre ; si l'on réunit les deux tiges de platine, par un fil traversant un galvanomètre (1), celui-ci indiquera, immédiatement, le *passage d'un courant circulant en sens contraire du courant qui a été utilisé d'abord, et qui a produit la dissymétrie des électrodes.*

Lorsqu'une électrode est altérée par le passage d'un courant, on dit qu'elle est polarisée et le phénomène s'appelle la *polarisation*. La source ainsi produite s'appelle une *pile secondaire*.

Loi de Lippmann.— Lorsque, dans une dissolution neutre et concentrée d'un sel, on plonge, pour servir d'électrode positive ou négative, une lame d'un métal composant le sel, cette lame ne peut pas se polariser ; car, si cette lame est cathode pendant l'électrolyse, le métal, qui se déposera sur elle, sera le même que celui de la lame, il n'y aura donc pas dissymétrie de ce fait ; si la lame est anode, pendant l'électrolyse, le radical acide, en se portant sur elle, en dissoudra une couche, laissant à nu une couche identique. C'est M. Lippmann qui a mis cette propriété en évidence, à laquelle on a donné le nom de *loi de Lippmann.*

Définition de la polarisation en tant que grandeur mesurable. — La polarisation, en tant que grandeur, se définira comme il suit. Lorsque dans un électrolyte nous plongeons trois électrodes identiques : a, b, c, ces trois électrodes ne présenteront, avant le passage du courant, aucune différence de potentiel. Si l'on fait passer le courant entre les deux premières électrodes a et b, elles se polariseront, tandis que la troisième c restera absolument intacte. On constate que les deux électrodes a et b ne sont plus au même potentiel que c, dans ces conditions, l'excès positif ou négatif du potentiel de a ou de b, sur le potentiel de c, s'appelle la polarisation de a ou de b.

Piles secondaires. — Lorsque l'opération de l'électrolyse se produit nettement, la polarisation des électrodes prend une valeur déterminée, caractéristique du phénomène et *des conditions de l'expérience*. La polarisation des accumulateurs, que nous examinerons, dans la suite brièvement, varie avec l'importance de l'intensité de charge.

---

(1) **Appareil servant à déceler et à mesurer les courants** qui sera décrit dans le fascicule suivant.

Si α est la polarisation de l'anode sur l'électrolyte, et β la polarisation de la cathode sur l'électrolyte, la différence de potentiel entre électrodes est: $E = \alpha - \beta$ (α et β sont de signes contraires). Cette différence de potentiel, appelée *force électromotrice de la pile secondaire*, devra être moins grande que celle de la source qui a produit le phénomène de polarisation, sinon l'électrolyse ne persisterait pas.

Accumulateurs. — On a songé à utiliser les propriétés des piles secondaires, le premier accumulateur construit fut la pile à gaz de Grove. C'était une sorte de voltamètre, dans lequel de larges lames de platine servaient d'électrodes, ces lames occupaient toute la longueur des éprouvettes. Lorsque le courant primaire avait passé un certain temps, on faisait usage de l'appareil comme pile secondaire. Le platine, même rendu pulvérulent, n'était pas capable de donner une grande capacité de polarisation aux voltamètres, au bout de peu de temps, on arrivait à la limite de la polarisation; cette étape atteinte, l'oxygène et l'hydrogène se dégageaient autour des lames sous l'action du courant, qui circulait dès lors en pure perte.

Planté a eu l'idée de substituer le plomb au platine; il a créé ainsi un accumulateur pratique dès 1859. Cet appareil consiste en deux grandes lames de plomb, maintenues à une petite distance l'une de l'autre et noyées, toutes les deux, dans de l'eau acidulée (acide sulfurique et eau pures constituant un mélange à 22° Baumé). Par le passage du courant, le liquide est décomposé et provoque les réactions suivantes:

1° L'oxyde de plomb (substance grise qui recouvre toujours le plomb) de la cathode est attaqué par l'hydrogène. Le produit de l'action chimique est noirâtre, c'est du plomb métallique très divisé, du plomb spongieux:

$$PbO + 2H = Pb + H^2O.$$

Quand l'oxyde est épuisé, l'hydrogène se dégage en pure perte.

2° A l'anode, l'oxygène s'est porté, c'est lui qui va suroxyder la couche de PbO pour donner de l'oxyde puce PbO^2; ce bioxyde est d'une couleur rougeâtre caractéristique:

$$PbO + O = PbO^2.$$

Lorsque, la charge étant terminée, on réunit les deux électrodes

par un conducteur métallique, un courant secondaire se produit;
au pôle positif, l'oxyde puce est réduit :

$$PbO^2 + 2H = PbO + H^2O.$$

Cet oxyde naissant, au contact de l'acide sulfurique, s'y combine
au fur et à mesure et forme du sulfate de plomb.

Le pôle négatif est le siège d'une oxydation, l'oxygène transforme
le plomb pulvérulent en protoxyde naissant
qui, au contact de l'acide sulfurique, donne
également du sulfate de plomb. Et l'élément
est, à nouveau, en état d'être rechargé.

Les réactions ne sont pas, en réalité, aussi
simples que celles que nous venons de
décrire, il y a des réactions secondaires,
d'une importance non négligeable. Nous renvoyons au fascicule qui traite spécialement
des accumulateurs; pour l'étude précise des
propriétés de ces piles secondaires, nous re-
commandons également l'excellent ouvrage
de M. F. Loppé (1) sur les accumulateurs
électriques. Les figures 30 et 31 donnent :
la première, la représentation d'une plaque d'accumulateur Tudor,

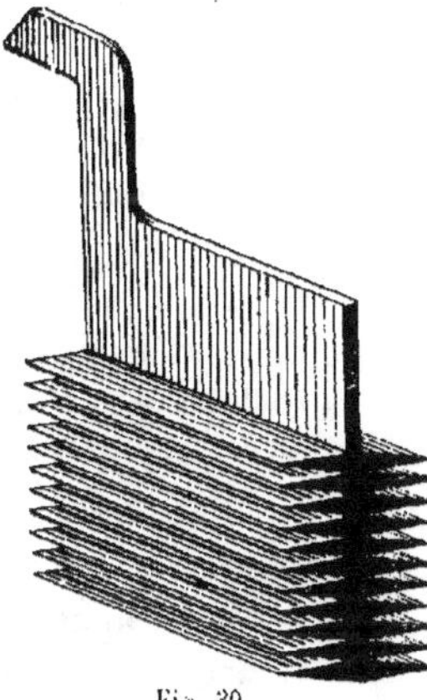
Fig. 30.

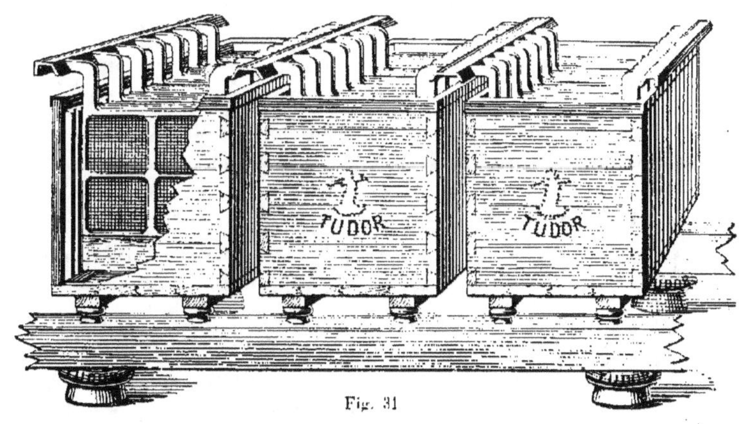

Fig. 31

____

(1) Gauthiers-Villars, *Aide-Mémoire Léauté*.

non encore empâtée; la deuxième représente des éléments d'accumulateurs montés en batterie.

Applications des phénomènes d'électrolyse. — Soupapes électrolytiques. — Si, dans un électrolyte de phosphate de sodium (125 grammes par litre au maximum), on place une électrode en aluminium *absolument pur* et une autre électrode métallique quelconque, en plomb antimonié, par exemple, on constate que le courant peut circuler dans l'électrolyte tant que l'aluminium est cathode; mais que ce courant sera interrompu absolument, si l'aluminium est anode. Quand le courant arrive par la lame aluminium, celle-ci se recouvre avec une extrême rapidité d'alumine dont la résistivité est énorme et le courant se trouve ainsi totalement interrompu.

Ces appareils ont leur emploi indiqué, *pour les petites utilisations*, pour les usages du courant continu, (telles que les charges d'accumulateurs, galvanoplastie) lorsqu'on se trouve placé dans des régions où le courant alternatif est seul distribué. En réalité, on ne recueille pas du courant continu, mais seulement du courant redressé. En France, on exploite deux soupapes électrolytiques; la soupape dite de Faria et la soupape réalisée par M. Nodon. Ces deux soupapes ont une capacité électrostatique *considérable*, dont on devra tenir compte dans certaines applications.

Le rendement de ces appareils est de 60 à 65 % au *maximum*. Le fonctionnement de ces appareils devient tout à fait irrégulier et ne présente plus aucune sécurité, dès que la température de l'électrolyse dépasse 40° C. Ils peuvent rendre de très grands services dans certains cas, particulièrement dans les laboratoires médicaux, pour la production du courant continu nécessaire à l'emploi des bobines de Ruhmkorff.

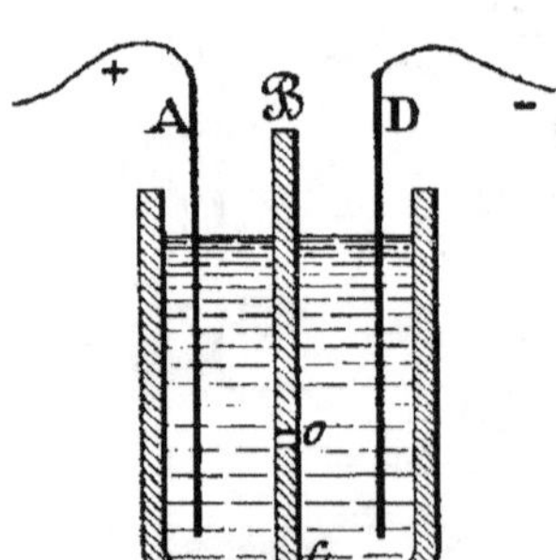

Fig. 32.

Interrupteur Wehnelt. — Supposons une cuve électrolytique partagée en deux parties par une cloison BC en verre percée d'un trou très mince O. Le courant arrive par l'électrode A, il sort par l'électrode D (fig. 32), il doit ainsi passer par le trou O infiniment petit; la faible quantité de li-

quide, qui se trouve en ce point, opposera une très forte résistance,
l'échauffement, de ce fait, deviendra tel que la petite quantité de
liquide placée en O se vaporisera ; dès cet instant, le courant sera interrompu, mais la bulle se résorbera (ou se dégagera), et le courant sera
rétabli à nouveau.

L'appareil est réalisé pratiquement de la façon suivante : Un vase
en plomb constitue l'électrode néga-
tive (fig. 33) ; l'électrode positive est
constituée par une tige de platine,
plongeant dans un tube de verre
fermé à sa partie inférieure, mais
percé d'un trou extrêmement délié.
Le liquide est de l'eau acidulée.

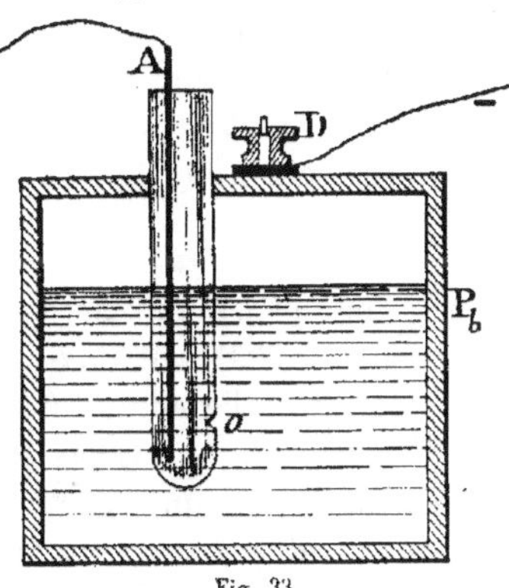
Fig. 33.

Les interruptions obtenues sont
extrêmement nombreuses, le courant
se trouve supprimé ainsi, très brus-
quement, un très grand nombre de
fois par seconde. Ce nombre d'interruptions par seconde peut atteindre
1.500 ; cet appareil remplace avantageusement les anciens trembleurs
des bobines de Ruhmkorff.

Piles Primaires. — Il est nécessaire de définir une pile primaire,
quoique son fonctionnement ne ressortira d'une façon nette qu'après
avoir exposé la théorie thermique de la pile et la théorie des ions
qu'on rencontrera, l'une et l'autre, un peu plus loin.

Une pile est un appareil à électrolyse dans lequel la force électromotrice, entre électrodes, au lieu de s'opposer au passage du courant,
tend, au contraire, à l'entretenir ; une pile jouit de ces propriétés,
*dès sa constitution, et sans avoir eu recours préalablement à des opéra-
tions électriques sur elle.*

On appelle pôle positif l'électrode qui est au potentiel le
plus élevé, et pôle négatif l'électrode qui est au potentiel le moins
élevé.

Le grand reproche qu'on peut adresser aux piles est de se polariser sur la cathode, à moins qu'à l'avance on ait placé, près d'elle, un sel
du métal même dont elle est constituée ; il s'y dépose les cations, ou
même, ces cations donnent lieu à des réactions chimiques qui, alté-

rant la cathode, polarisent la pile. Pour obvier à cet inconvénient, on annexe aux piles des dépolarisants comme nous venons de le dire.

A circuit ouvert, la pile se dépolarise peu à peu spontanément, et sa force électromotrice remonte. On verra plus loin, dans la monographie de quelques piles, qu'après un repos à circuit ouvert, si l'on referme la pile sur la résistance extérieure qui a servi au début de l'opération, on trouve, au premier instant, un courant plus intense que celui qui existait au moment où on a ouvert le circuit; mais cet élan n'est qu'éphémère, car le courant tend rapidement vers une valeur constante, correspondant à la limite de polarisation de la pile elle-même.

Phénomènes électrocapillaires. — Si un tube vertical (ou un entonnoir en verre), ouvert à ses deux extrémités, mais dont l'extrémité inférieure est très effilée ou capillaire, contient un liquide tel que du mercure, celui-ci descend sous l'action de son poids; toutefois, si la pointe est suffisamment effilée, le liquide s'arrêtera à une certaine hauteur. En augmentant la pression à la partie supérieure, soit en

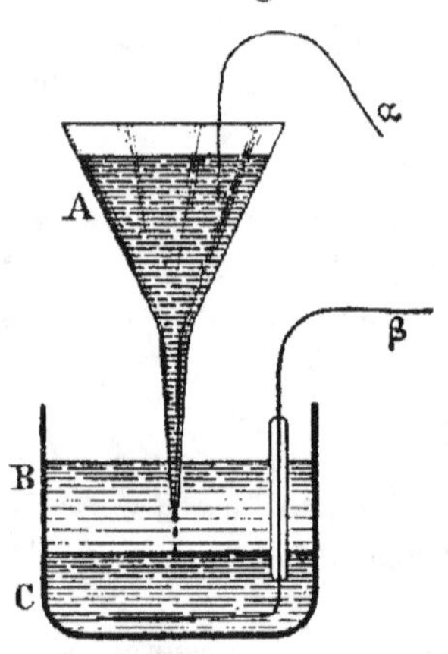

Fig. 34.

ajoutant du mercure, soit par tout autre moyen, on arrivera à faire descendre plus bas encore le ménisque et même à provoquer l'écoulement continu.

Considérons, fig. 34, deux masses de mercure séparées par de l'eau acidulée au sixième; l'une A, est contenue dans un entonnoir assez effilé à sa partie inférieure pour être maintenue en équilibre sous l'action du ménisque, l'autre masse C, présente une large surface au fond du vase B. Si l'on prend la masse de mercure de l'entonnoir comme électrode négative, et l'autre masse de mercure comme électrode positive, l'électrode négative se polarise rapidement; son potentiel, par rapport à celui du mercure B, décroît de plus en plus, sa tension superficielle augmente jusqu'à un maximum correspondant à une différence de potentiel égale à 0,94 élément Daniell; comme conséquence de cette augmentation, la surface remonte de plus en plus dans le tube capillaire terminant l'entonnoir.

M. Lippmann a donné la table suivante, dans laquelle la différence de potentiel e est exprimée en fraction d'élément Daniell; et, en millimètres de mercure, la pression δp qu'il est nécessaire d'ajouter au poids de mercure de A, pour contrebalancer l'effet électrocapillaire,

d	$^{m}/_{m}$	d	$^{m}/_{m}$	d	$^{m}/_{m}$
$e = 0,016$	$\delta p = 15,$	$e = 0,364$	$\delta p = 235$	$e = 1,261$	$\delta p = 301$
$= 0,024$	21,5	$= 0,450$	270,5	$= 1,333$	279
$= 0,040$	40	$= 0,500$	288	$= 1,444$	239
$= 0,109$	89	$= 0,588$	314	$= 1,713$	128
$= 0,140$	111	$= 0,833$	356,5	$= 1,833$	110
$= 0,170$	131	$= 0,900$ (max.)	358,5	$= 1,888$	104
$= 0,197$	148	$= 0,909$ (max.)	358,5	$= 2$	94
$= 0,269$	188,5	$= 1,000$	353		

Si l'on prend comme point de repère la position du ménisque lorsque les deux électrodes de mercure sont reliés directement par un fil conducteur, c'est-à-dire lorsque les deux électrodes sont au même potentiel, la pression à exercer par cm^2 sur la surface du mercure supérieur, pour ramener au repère le ménisque, pourra servir de mesure à la tension supérieure et, par suite, à la différence de potentiel entre A et B. C'est sur ce principe que M. Lippmann a construit un électromètre capillaire, d'une extrême sensibilité, qui sera décrit aux fascicules traitant des mesures électriques.

Si la hauteur du mercure dans l'entonnoir est juste assez réduite pour que l'écoulement par la pointe n'ait plus lieu spontanément, celui-ci recommencera chaque fois qu'on réunira les deux fils extérieurs aux électrodes, et l'énergie rendue disponible par la descente du mercure se transformera en énergie électrique; on pourra constater l'existence d'un courant allant, par le fil extérieur, du mercure inférieur au mercure supérieur.

M. Lippmann a donné, le premier, de ces phénomènes une théorie complète; nous donnerons ici le mode de calcul de Vaschy (1).

Théorie des phénomènes électrocapillaires. — Dans l'intervalle extrêmement étroit ξ, existant entre les deux corps *dits au contact*, intervalle maximum de distances moléculaires, que les évaluations de Lord Kelvin, de M. Blondlot et de divers autres opérateurs fixent à $\dfrac{1}{33.000.000}$ de millimètre, dans un tel intervalle entre deux corps

---

(1) Vaschy, né vers 1850, décédé vers 1894, fut professeur à l'École Supérieure des Télégraphes, auteur d'une étude remarquable sur les travaux de Coulomb et sur les champs de force.

à des potentiels différents existe un champ électrique, comparable à celui qui existe entre les deux armatures d'un condensateur.

Si, l'on considère, fig. 35, les éléments correspondants d'un

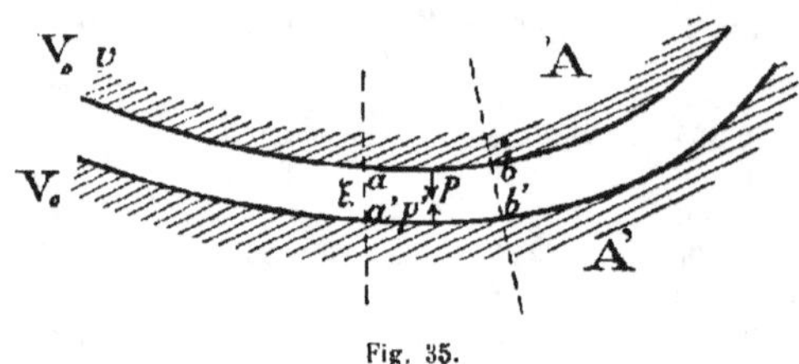

Fig. 35.

même tube de force, soit $s = ab$ l'élément sur A, et $s' = a'b'$ l'élément correspondant sur A', la pression électrostatique sera dans le système d'unités électrostatiques C. G. S.

$$p = \frac{2\pi\sigma^2}{K} = \frac{1}{8\pi} K \left(\frac{dV}{dn}\right)^2,$$

où σ est la densité superficielle et K le pouvoir inducteur spécifique; or, dans tout le tube, $\frac{dV}{dn}.s$ est constant et ainsi :

$$\frac{dV}{dn} s = \left(\frac{dV}{dn'}\right).s', \qquad \text{d'où } ps^2 = p's'^2.$$

La résultante des actions électrostatiques $ps - p's'$ sur les éléments s et s' est donc donnée par la relation :

$$ps - p's' = ps \left(1 - \frac{p' \times s'}{p \times s} \right);$$

remplaçons $p's'$ par son égal $\frac{ps^2}{s'}$ nous aurons :

$$ps - p's' = ps \left(1 - \frac{s}{s'} \right) = ps \frac{s'-s}{s'}.$$

Or, si $\frac{1}{R_1} + \frac{1}{R_2}$ représente la courbure de la surface au point considéré, on a :

$$\frac{s'-s}{s'} = \xi \left(\frac{1}{R_1} + \frac{1}{R_2} \right) \quad (1).$$

---

(1) Pour démontrer cette proposition, prenons pour axe des z, la normale principale à la surface au point considéré O ; prenons ce point pour origine et les directions principales comme axe des x et des y, nous aurons, pour équation de la surface, en appelant R_1 et R_2, les rayons de courbure principaux :

$$z = \frac{x^2}{2R_1} + \frac{y^2}{2R_2} + \varphi_3(x, y),$$

φ_3 étant une fonction de x et de y infiniment petite du troisième ordre par rapport à x et à y,

Coupons par un plan $z = h$, où h est très petit, nous obtiendrons (fig. 36) une section Σ :

L'ensemble des éléments s et s' des armatures A et A$'$, que la cohésion moléculaire rend solidaires, est donc soumis, par suite de la différence de potentiel au contact v, à une force dirigée de la surface convexe A à la surface concave A$'$ et égale à :

$$p\,s\,.\,\xi\left(\frac{1}{R_1}+\frac{1}{R_2}\right)=\frac{1}{8\pi}\times K\times\left(\frac{dV}{dn}\right)^2\times s\,.\,\xi\left(\frac{1}{R_1}+\frac{1}{R_2}\right);$$

mais $\dfrac{dV}{dn}=\dfrac{v}{\xi}$, donc la tension électrocapillaire $P_{e,c}$ par unité de surface est :

$$P_{c.c}=\frac{K\times v^2}{8\,\pi.\xi}\times\left(\frac{1}{R_1}+\frac{1}{R_2}\right).$$

par tous les points de cette section, menons une normale de longueur constante ξ, les coordonnées de la courbe Σ' fermée, ainsi obtenue, seront données par les relations :

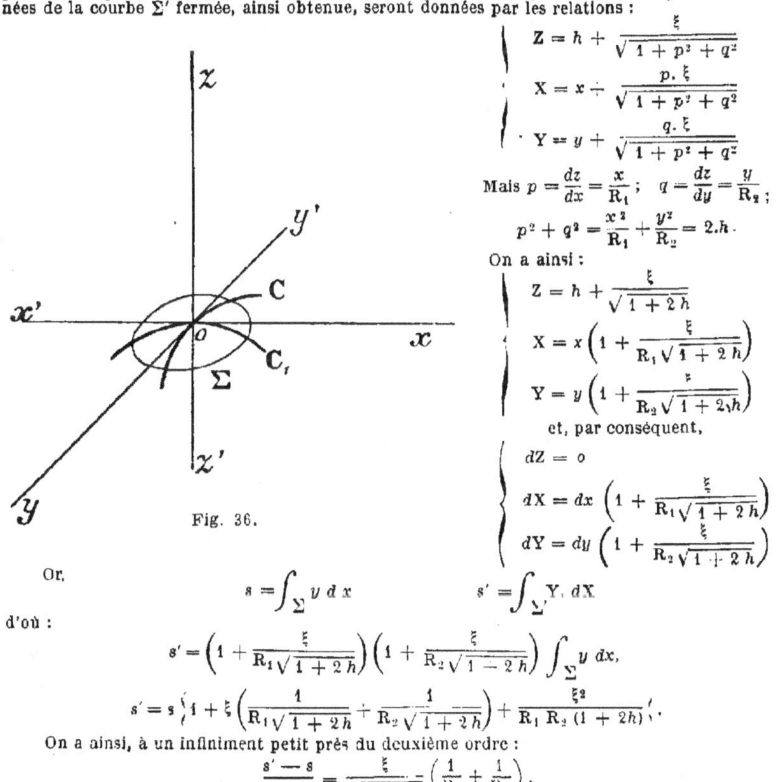

Fig. 36.

$$\left\{\begin{array}{l} Z = h + \dfrac{\xi}{\sqrt{1+p^2+q^2}} \\[2mm] X = x + \dfrac{p.\xi}{\sqrt{1+p^2+q^2}} \\[2mm] Y = y + \dfrac{q.\xi}{\sqrt{1+p^2+q^2}} \end{array}\right.$$

Mais $p=\dfrac{dz}{dx}=\dfrac{x}{R_1}\,;\quad q=\dfrac{dz}{dy}=\dfrac{y}{R_2}\,;$

$$p^2+q^2=\frac{x^2}{R_1}+\frac{y^2}{R_2}=2.h.$$

On a ainsi :

$$\left\{\begin{array}{l} Z = h + \dfrac{\xi}{\sqrt{1+2h}} \\[2mm] X = x\left(1+\dfrac{\xi}{R_1\sqrt{1+2h}}\right) \\[2mm] Y = y\left(1+\dfrac{\xi}{R_2\sqrt{1+2h}}\right) \end{array}\right.$$

et, par conséquent,

$$\left\{\begin{array}{l} dZ = 0 \\[2mm] dX = dx\left(1+\dfrac{\xi}{R_1\sqrt{1+2h}}\right) \\[2mm] dY = dy\left(1+\dfrac{\xi}{R_2\sqrt{1+2h}}\right) \end{array}\right.$$

Or,

$$s=\int_\Sigma y\,dx \qquad s'=\int_{\Sigma'} Y\,.\,dX$$

d'où :

$$s'=\left(1+\frac{\xi}{R_1\sqrt{1+2h}}\right)\left(1+\frac{\xi}{R_2\sqrt{1-2h}}\right)\int_\Sigma y\,dx,$$

$$s'=s\left\{1+\xi\left(\frac{1}{R_1\sqrt{1+2h}}+\frac{1}{R_2\sqrt{1+2h}}\right)+\frac{\xi^2}{R_1R_2(1+2h)}\right\}.$$

On a ainsi, à un infiniment petit près du deuxième ordre :

$$\frac{s'-s}{s}=\frac{\xi}{\sqrt{1+2h}}\left(\frac{1}{R_1}+\frac{1}{R_2}\right).$$

Comme h est aussi petit que l'on veut, on a finalement :

$$\text{limite de }\frac{s'-s}{s}\text{ ou de }\frac{s'-s}{s'}=\xi\left(\frac{1}{R_1}+\frac{1}{R_2}\right)$$

C. Q. F. D.

Or, la pression capillaire indépendante de tout phénomène électrique est donnée par la loi de Laplace, elle est :

$$A_m \left(\frac{1}{R_1} + \frac{1}{R_2} \right),$$

où A_m désigne la constante capillaire correspondante à $v = 0$; on aura facilement comme pression résultante :

$$P = \left(A_m - \frac{K v^2}{8 \pi \xi} \right) \left(\frac{1}{R_1} + \frac{1}{R_2} \right) = A \left(\frac{1}{R_1} + \frac{1}{R_2} \right).$$

L'effet de la polarisation de la surface de contact de deux corps quelconques est donc de faire varier la valeur de la constante capillaire A, dont l'expression devient dès lors :

$$A = A_m - \frac{K v^2}{8 \pi \xi} = A_m - \frac{1}{2} C v^2,$$

où C représente la capacité du condensateur formé par les deux liquides en présence.

Différentions deux fois par rapport à v l'expression :

$$A = A_m - \frac{1}{2} C v^2,$$

nous obtenons :

$$- \frac{d^2 A}{dv^2} = C.$$

Expression qui a été donnée une première fois par M. Lippmann; ce savant a calculé aussi la capacité par mètre carré de ménisques et il a trouvé :

$$C = 304.000 \text{ microfarads par mètre carré.}$$

Ce chiffre a été trouvé presque identiquement par M. Blondlot, en suivant une autre méthode. Ce qui semblerait indiquer nettement que la capacité de polarisation voltaïque ne dépend pas de la nature des liquides en contact.

M. Lippmann a réalisé une machine dynamique fonctionnant grâce aux actions électrocapillaires ; cette machine, véritable curiosité de laboratoire, démontre la possibilité de produire du travail grâce aux actions électrocapillaires (Voir *Électricité Pellat*, 3e volume, édition 1908).

CHAPITRE IV

Étude thermodynamique des Piles

Étude thermique des piles. — La première idée du calcul des piles, à l'aide de la considération de travail chimique, est due à Edmond Becquerel (1); von Helmholtz a fourni aussi une contribution importante dans sa thermodynamique des phénomènes chimiques. Une pile voltaïque en activité est le siège d'un phénomène thermique, conséquence de la réaction chimique qui accompagne toujours le travail d'une pile voltaïque. Ainsi, prenons, avec P. À. Favre, un élément de pile Smée formée de zinc amalgamé et de platine ou de cuivre platiné plongés dans de l'eau acidulée au vingtième; la réaction, pendant le fonctionnement, se résume à la dissolution du zinc par l'acide sulfurique pendant que l'hydrogène est mis en liberté :

$$Zn + SO^4H^2 = SO^4Zn + H^2.$$

Si, pendant un temps t, nous avons constaté un courant I, on aura, d'après une des lois de Faraday, pour le poids de zinc dissous :

$$p = \pi \times I \times t,$$

où π est le poids de zinc dissous pendant l'unité de temps par un courant ayant une intensité égale à l'unité.

Si le phénomène est isothermique, c'est-à-dire si la pile reste (ou est maintenue) à une température constante, on sait qu'il y a dégagement de chaleur, comme l'exprime le principe énoncé, en 1854, par J. Thomsen : *Pour qu'une réaction chimique puisse se produire de façon isothermique, il faut que cette réaction soit accompagnée d'un dégagement de chaleur.* Berthelot a donné à cette proposition le nom de *Principe du travail maximum.*

Si, dans un creuset, on dissolvait p grammes de zinc dans de l'acide sulfurique, le dégagement de chaleur Q serait :

$$Q = p.L,$$

(1) Becquerel (Edmond), fils d'Antoine-César, né à Paris en 1820, mort en 1891, membre de l'Institut en 1863, a fait des travaux importants sur l'Électricité et le Magnétisme. Père d'Antoine-Henri, qui mourut en 1908.

où L est la quantité de chaleur que dégage la dissolution de l'unité de poids de zinc dans l'acide sulfurique, sans production d'aucun courant.

Si nous plaçons la pile dans un calorimètre, elle fournit pendant un temps t un dégagement de chaleur Q' pour une attaque de p grammes de zinc, on constate que $Q' < Q$. Si l'on mesure la chaleur Q'' dépensée dans le conducteur reliant les bornes de la source, *sans produire aucun travail extérieur*, on constatera :

$$Q = Q' + Q'',$$

qui est l'énoncé synthétique de la loi suivante.

Loi de Becquerel et d'Helmholtz (1), — *Si le courant que fournit une pile ne produit aucun travail mécanique, la quantité de chaleur dégagée pendant un certain temps dans l'intérieur de la pile, augmentée de la quantité de chaleur dégagée pendant le même temps par le conducteur interpolaire, donne une somme égale à la quantité de chaleur que dégagerait la réaction produite dans la pile pendant ce temps, si cette réaction ne fournissait aucun courant.*

P. A. Favre a vérifié expérimentalement cette loi avec le plus grand soin. Il plaçait dans un calorimètre une pile Smée dont les bornes étaient réunies par un conducteur; le conducteur était également dans le calorimètre; il mesurait avec soin la chaleur produite par l'ensemble et comparait le résultat avec la quantité de chaleur produite, sans engendrer aucun courant, par une réaction chimique consommant le même poids de zinc.

Favre trouva, pour valeur moyenne du dégagement global de chaleur, lorsqu'avec *production d'électricité*, 33 grammes de zinc sont dissous dans l'élément de pile, le nombre :

$$18{,}124 \text{ calories kg.}$$

Or, Favre et Silbermann avaient trouvé précédemment un dégagement de :

$$18{,}444 \text{ calories kg,}$$

pour la dissolution de 33 grammes de zinc dans SO^4H^2 au vingtième, lorsqu'on n'utilise cette réaction à la production d'aucun courant.

---

(1) Helmholtz (Hermann-Ludwig-Ferdinand von), né à Postdam en 1821, mort au début du XXe siècle. A fait, tant comme médecin que comme physicien, des travaux très remarquables, il a révolutionné l'acoustique par ses travaux sur le timbre et le rôle des harmoniques, se fit connaître, dès 1847, par un « Mémoire sur la conservation de la force »; a fait des découvertes importantes sur le mécanisme des sensations. Helmholtz est l'auteur de la théorie hydrodynamique sur les tourbillons.

Lorsque le courant produit le travail mécanique extérieur d'un moteur, la loi précédente se modifie; si l'on désigne par T_e le travail extérieur produit par le moteur et par W l'énergie cinétique et parasite (frottement, viscosité mécanique et magnétique) fournie au moteur pendant l'essai, on a pour effet mécanique A fourni au moteur

$$A = T_e + W;$$

si, de plus, Q, Q' et Q'' ont les mêmes significations que tout à l'heure, on a :

$$Q = Q' + Q'' + \frac{A}{J},$$

où J est l'équivalent mécanique de la chaleur, et la loi dans ce cas s'énonce ainsi :

Lorsqu'un courant produit un effet mécanique, la quantité de chaleur dégagée pendant un certain temps, tant dans le conducteur que dans la pile elle-même, augmentée de la quantité de chaleur équivalente à l'effet mécanique produit, fournit une somme égale à la quantité de chaleur que dégagerait, sans fournir aucun courant, la réaction chimique dont la pile est le siège pendant ce temps.

Favre a soumis cette loi au contrôle de l'expérience; dans un premier calorimètre, il plaçait une pile Smée, et dans un second calorimètre un petit moteur électromagnétique, construit de façon à rayonner rapidement; il réunissait la pile et le moteur par de gros conducteurs, de manière à pouvoir pratiquement négliger les quantités de chaleur utilisées à échauffer ces conducteurs de résistance inappréciable; enfin, il faisait élever un poids au petit moteur, de façon à produire un travail extérieur. Les opérations successives sont ci-dessous spécifiées.

Première expérience. — Favre déterminait le nombre de calories dégagées dans la dissolution de 33 grammes du zinc de la pile dans de l'acide sulfurique au 1/20. Il avait trouvé Q = 18,682 calories-Kg.

Deuxième expérience. — La pile est reliée au moteur électromagnétique qui ne tourne pas. On relevait les résultats thermiques suivants, correspondant à la consommation de 33 grammes de zinc.

Calories dégagées dans la pile. . . . . $Q' = 16,448$
   —   dégagées dans le calorimètre contenant le moteur $Q'' = \underline{2,219}$
                                      Total.   18,667

Différence avec Q : 18,682 — 18,667 = 0,015, *l'écart est infime.*

Troisième expérience. — La pile fait tourner le moteur qui ne produit aucun travail utile. On relevait les résultats thermiques suivants, correspondant à la consommation de 33 grammes de zinc.

Calories dégagées dans la pile...................... $Q' = 13,888$
—   dégagées dans le calorimètre du moteur........ $Q'' = 4,769$

Total................... 18,657

Différence avec Q : 18,682 — 18,657 = 0,025, *l'écart est inappréciable.*

Quatrième expérience. — La pile actionne le moteur, lequel travaille à soulever un poids en produisant un travail de 131,24 kilogrammètres. Le nombre de grandes calories correspondant à ce travail est :

$$\frac{A}{J} = \frac{131,24}{424} = 0,309.$$

Les résultats thermiques correspondant à la consommation de 33 grammes de zinc sont fournis au tableau suivant :

Calories dégagées dans la pile...................... $Q' = 15,427$
—   —   dans le calorimètre du moteur....... $Q'' = 2,947$

—   équivalentes au travail utile produit........... $\dfrac{A}{J} = 0,309$

Total........................ 18,683

Différence avec Q : 18,683 — 18,682 = 0,001, *l'écart est inappréciable.*

En résumé, on a *toujours :*

$$Q = Q' + Q'' + \frac{A}{J}.$$

Ceci posé, on a, d'après les formules du début, page 69 :

$$Q = \pi.\,I.\,t.\,L = (\pi.\,L) \times I.\,t.$$

L'expression πL est la quantité de chaleur que fournirait, si elle ne donnait naissance à aucun courant, la réaction dont la pile est le siège, pendant que le courant qui la traverse fait passer d'un pôle à l'autre une quantité d'électricité égale à l'unité.

Chaleur chimique. — Force électromotrice. — Nous désignerons cette expression par C_c, nous la nommerons *chaleur chimique.* Cette grandeur n'est pas une quantité de chaleur proprement dite, c'est le rapport d'une quantité de chaleur à une quantité d'électricité. Comme dans la théorie des sources, par définition, nous appellerons force électromotrice de la source l'expression :

$$E = (R + r)\,I,$$

où R est la résistance du circuit extérieur supposé seul, c'est-à-dire non accompagné d'utilisation mécanique, r est la résistance intérieure de la source.

Si l'on a une utilisation consommant une énergie ΔW_m pendant l'unité de temps sans produire extérieurement de travail utile, c'est-à-dire telle que A $= $ o; on aura dans ces conditions :

$$E.I.t = (R + r)\,I^2 t + \Delta W_m \times t.$$

ou

$$\frac{E}{J}\,I\,t = \frac{R}{J}.I^2.t + \frac{r}{J}\,I^2 t + \frac{\Delta W_m \times t}{J},$$

mais :

$$C_c\,It = \frac{R}{J}.I^2.t + \frac{\Delta W_m \times t}{J} + Q'. \quad \text{car} \quad Q'' = \frac{R}{J}\,I^2 t - \frac{\Delta W_m \times t}{J}.$$

et en retranchant membre à membre :

$$\left(C_c - \frac{E}{J}\right)\,I.t = Q' - \frac{r}{J}\,I^2 t.$$

Chaleur voltaïque. — L'expression $\frac{E}{J}$ et C_c sont homogènes; la première a été appelée *chaleur voltaïque*: c'est le quotient de la force électromotrice par l'équivalent mécanique de la chaleur, c'est donc une caractéristique importante de la pile; désignons la par C_v on aura la formule :

$$C_c - C_v = Q'\,\frac{1}{I.t} - \frac{r}{J}\,I.$$

Supposons d'abord r très petit, ce qui se réalise pour beaucoup de piles, alors on aura à un infiniment petit près :

$$C_c - C_v = Q\,\frac{1}{I.t}.$$

On en conclut que si $C_c - C_v > $o, la pile dégagera de la chaleur, si au contraire $C_c - C_v < $o, la pile absorbera de la chaleur; enfin si $C_c - C_v = $o, la pile fonctionnera naturellement d'une façon adiabatique, c'est précisément le cas de la pile Daniell.

Favre a donné à l'expression $C_c - C_v$ le nombre de *Chaleur secondaire*, nous la désignerons par C_s.

Détermination de ces diverses chaleurs. — En reprenant l'égalité :

$$C_s = C_c - C_v = Q' \times \frac{1}{I.t} - \frac{r}{J} I.$$

on voit que C_s pourra être évalué à l'aide du calorimètre destiné à évaluer Q', d'un chronomètre pour mesurer t, et d'un voltamètre (ou mieux d'un galvanomètre ou un ampéremètre) pour mesurer I ; r est supposé connu par des moyens très simples que nous ne pouvons encore décrire ici.

Quant au terme C_c, on le calculera de la façon suivante: soit dans notre électrolyte, n le nombre des valences qu'échangent les ions et q la chaleur de formation de la molécule à partir des éléments que l'électrolyse sépare, on a :

$$C = \frac{1}{96.600} \times \frac{q}{n}.$$

Connaissant C_s et C_c on en déduira C_v, par suite la force électromotrice E. Ces calculs ont été effectués par Favre, Raoult, Edlund, Braun. Nous donnons ci-après, pages 76 et 77, un tableau tiré de l'excellent ouvrage de M. L. Marchis sur la Thermodynamique; les nombres qui expriment la chaleur voltaïque sont évalués dans deux systèmes d'unités :

1° En prenant comme unité de quantité d'électricité, la quantité d'électricité qui correspond à la production de 1 gramme d'hydrogène, soit 96.600 coulombs, et comme unité de chaleur la petite calorie.

2° En prenant comme unité de quantité d'électricité le coulomb et comme unité de chaleur la petite calorie. On passe facilement d'un système à l'autre, en multipliant par $\frac{1}{96.000}$.

Certains auteurs donnent encore pour force électromotrice d'une pile l'expression $J.C_c$ qui avait été indiquée autrefois par Sir W. Thomson, depuis Lord Kelvin; nous avons indiqué l'erreur commise en faisant un tel calcul. Quelquefois l'erreur est faible, mais elle peut atteindre 90 %, généralement elle reste comprise entre 20 et 30 %.

Avant de donner le tableau fournissant les chaleurs chimiques et voltaïques de certaines éléments, nous allons énoncer le postulatum de Gibbs qui fournit le moyen d'évaluer l'effet utile maximum à espérer d'une réaction isothermique produite par une pile.

Postulatum de Gibbs. — Si l'on prend une pile et qu'on la fasse travailler, il résultera une production d'électricité Σit et une réaction chimique isothermique d'importance déterminée; si, prenant une pile identique *en toutes ses parties à la précédente* comme composition, comme volumes et masses des matériaux en présence, on vient à provoquer la même réaction isothermique d'importance déterminée, *mais cette fois sans travail électrique extérieur de la pile*, il sera ainsi devenu disponible, grâce cette réaction, une énergie utilisable W; ceci posé, le postulatum de Gibbs s'énoncera comme il suit :

Si W est l'énergie rendue disponible dans une pile par une réaction isothermique effectuée sans production de courant, W est la limite supérieure de l'effet mécanique utile totale qu'il est possible d'obtenir de la réaction isothermique dont la pile est le siège, soit directement, soit, à fortiori, par l'intermédiaire d'un électromoteur parfait.

Discussion des résultats du tableau des pages 76 et 77. — Il y a trois cas à examiner :

1° $C_c - C_v > 0$. — La chaleur chimique est supérieure à la chaleur voltaïque;

2° $C_c - C_v = 0$. — La chaleur chimique est égale à la chaleur voltaïque;

3° $C_c - C_v < 0$. — La chaleur chimique est inférieure à la chaleur voltaïque.

Dans le premier cas, on voit que toute la chaleur chimique n'est pas complètement utilisée par l'effet mécanique et l'échauffement ohmique des conducteurs, toutefois le rendement $\dfrac{C_v}{C_c}$ est en général compris entre 0,50 et 1 ; comme on peut s'en convaincre en consultant le tableau (colonne 7 et 8) ; ce rendement en énergie, à partir des produits naturels mis en présence dans la pile, est infiniment supérieur au rendement en énergie des moteurs thermiques à partir du charbon ou du pétrole.

Dans le second cas, toute la chaleur chimique est complétement utilisée par l'effet mécanique et l'échauffement ohmique des conducteurs; si cette chaleur chimique au lieu d'être utilisée dans la pile, servait à entretenir le foyer d'une machine à vapeur, on sait, grâce à Sadi-Carnot, qu'une *très modeste partie seulement* de cette chaleur chimique

RELATION ENTRE LA CHALEUR CHIMIQUE ET LA CHALEUR VOLTAÏQUE (Thermodynamique de M. Marchis).

— 1 — COMPOSITION DES ÉLÉMENTS DE PILE	— 2 — Chaleur Chimique C_e Unité de quantité d'électricité : 96.600 coulombs. Unité de chaleur : petite calorie.	— 3 — Chaleur Voltaïque C_p Mêmes unités que dans (2)	— 4 — Chaleur secondaire $C_s = C_p - C_e$ Mêmes unités que dans (2)	— 5 — Chaleur Chimique C_e Unité de quantité d'électricité : le Coulomb. Unité de chaleur : petite calorie.	— 6 — Chaleur Voltaïque Mêmes unités que pour (5)	— 7 — $J.C_e$ volts $J = 4{,}17$; C_e sont les nombres de (5)	— 8 — $E = J.C_v$ Force électromotrice $J = 4{,}17$: C_v sont les nombres de (6)	— 9 — $\dfrac{C_e - C_p}{C_p}$ Erreur commise en prenant $J.C_e$ pour force électromotrice	— 10 — Signe de la différence $C_e - C_p$
						Volts	Volts		
$\overline{Zn}\,\|\,SO^4Zn\,\|\,SO^4Cu\,\|\,\overset{+}{Cu}$ ÉlémentDaniell	23.205	23.300	95	0,240	0,240	1,000	1,000	0 %	$C_e = C_v$
$\overline{Zn}\,\|\,SO^4H^2\,\|\,(SO^4)^2Hg,\,\|\,\overset{+}{Hg}$	37.906	29.636	8.270	0,393	0,306	1,635	1,273	28 %	$C_e - C_v > o$
$\overline{Zn}\,\|$ mélange de SO^4H^3 et d'acide chromique $\|\,\overset{+}{Pt}$ (Favre)	38.978	30.559	28.419	0,610	0,310	2,540	1,290	96 %	$C_e - C_v > o$
$\overline{Zn}\,\|\,SO^4H^2\,\|\,AzO^3H + 4H^2O\,\|\,\overset{+}{Pt}$ (Favre)	41.824	46.781	— 6.937	0,433	0,485	1,800	2,020	10 %	$C_e - C_v < o$
$\overline{Zn}\,\|\,SO^4H^2\,\|\,AzO^3H\,\|\,\overset{+}{Pt}$ (Favre)	52.714	49.847	2.867	0,546	0,516	2,280	2,150	6 %	$C_e - C_v < o$
$\overline{Zn}\,\|\,(C^2H^3O^2)^2 Zn\,\|\,(C^2H^3O^2)^2Pb\,\|\,\overset{+}{Pb}$ (1)	15.600	12.428	3.172	0,161	0,129	0,700	0,540	30 %	$C_e - C_v < o$
$\overline{Pb}\,\|\,(C^2H^3O^2)^2 Pb\,\|\,(C^2H^3O^2)^2Cu\,\|\,\overset{+}{Cu}$ (1)	8.767	10.842	— 2.075	0,000	0,112	0,375	0,467	20 %	$C_e - C_v < o$
$\overline{Cu}\,\|\,(AzO^3)^2Cu\,\|\,AzO^3Ag\,\|\,\overset{+}{Ag}$ (1)	16.303	9.799	6.500	0,170	0,101	0,710	0,420	70 %	$C_e - C_v > o$
$\overline{Zn}\,\|\,SO^4Zn\,\|\,SO^4H^2\,\|\,\overset{+}{Pt}$ (1)	18.444	13.600	4.844	0,190	0,140	0,790	0,580	35 %	$C_e - C_v > o$
$\overline{Fe}\,\|\,SO^4Fe\,\|\,SO^4Cu\,\|\,\overset{+}{Cu}$ (1)	19.095	14.579	4.516	0,193	0,150	0,824	0,624	33 %	$C_e - C_v > o$
$\overline{Zn}\,\|\,KOH\,\|\,AzO^3H + 4H^2O\,\|\,\overset{+}{Pt}$ (1)	47.200	50.190	— 2.990	0,490	0,520	2,040	2,178	6 %	$C_e - C_v < o$
$\overline{Zn}\,\|\,SO^4Zn\,\|\,AzO^3H\,\|\,\overset{+}{Pt}$ (1)	43.280	40.630	2.650	0,450	0,420	1,870	1,750	8 %	$C_e - C_v > o$
$\overline{Zn}\,\|\,KOH\,\|\,SO^4Cu\,\|\,\overset{+}{Cu}$ (1)	30.230	32.260	— 2.030	0,312	0,330	1,300	1,374	6 %	$C_e - C_v < o$
$\overline{Zn}\,\|\,ZnCl^2 + 100H^2O\,\|\,AgCl\,\|\,\overset{+}{Ag}$ (1)	26.023	23.453	2.570	0,270	0,240	1,126	1,000	13 %	$C_e - C_v > o$
$\overline{Zn}\,\|\,ZnCl^2 + 50H^2O\,\|\,AgCl\,\|\,\overset{+}{Ag}$ (1)	24.456	23.446	1.810	0,250	0,240	1,040	1,000	4 %	$C_e - C_v > o$
$\overline{Zn}\,\|\,ZnCl^2 + 25 H^2O\,\|\,AgCl\,\|\,\overset{+}{Ag}$ (1)	23.493	22.166	1.327	0,245	0,220	1,040	0,960	8 %	$C_e - C_v > o$
$\overline{Zn}\,\|\,ZnBr^2 + 20 H^2O\,\|\,AgBr\,\|\,\overline{Ag}$ (1)	19.882	19.138	744	0,200	0,198	0,832	0,830	0 sensible	$C_e - C_v - o$
$\overline{Pb}\,\|\,Pb(AzO^3)^2\,\|\,AzO^3. Ag\,\|\,\overset{+}{Ag}$ (1)	25.941	21.216	4.725	0,270	0,220	1,125	0,920	22 %	$C_e - C_v > o$
$\overline{Cu}\,\|\,CuSO^4\,\|\,SO^4Ag^2\,\|\,\overset{+}{Ag^2}$ (1)	14.860	9.640	5.220	0,160	0,100	0,566	0,416	60 %	$C_e - C_v > o$

(1) *Hans. Jahn. Grundriss der Elektrochemie.* pages 179 à 184 (A. Hœlder. Vienne, 1895).

serait transformée en travail. Un examen superficiel permettrait de conclure à la supériorité des piles sur l'ensemble formé par les moteurs thermiques et dynamo-électriques; mais l'humanité ne recherche pas les moyens d'action les plus économiques au point thermique, elle ne demande qu'à utiliser les moyens dont le *coût est le moins élevé;* or, grâce au prix modique du charbon, le kilowatt-heure, énergie fournie par une source de la puissance de 1000 watts pendant une heure, revient, avec de grandes usines thermiques, à 4 ou 5 centimes, tous frais compris, alors qu'avec les piles il reviendrait à 3 ou 4 francs dans les meilleures conditions d'emploi. Ces nombres rendent tout commentaire superflu.

Dans le troisième cas, la chaleur chimique étant inférieure à la chaleur voltaïque, on constate que la pile se refroidit, car elle est contrainte d'emprunter à son énergie interne le surplus d'énergie qu'elle a à fournir; aussi est-on amené, pour assurer le fonctionnement de ces piles, de les réchauffer, comme on réchauffe un moteur à air comprimé, pendant son fonctionnement, pour subvenir aux demandes de chaleur du gaz au milieu environnant pendant le cours du travail de détente.

Formule thermodynamique d'Helmholtz. — Helmholtz a donné, de la chaleur secondaire pour les piles réversibles, une expression remarquable établie à l'aide des principes de la thermodynamique.

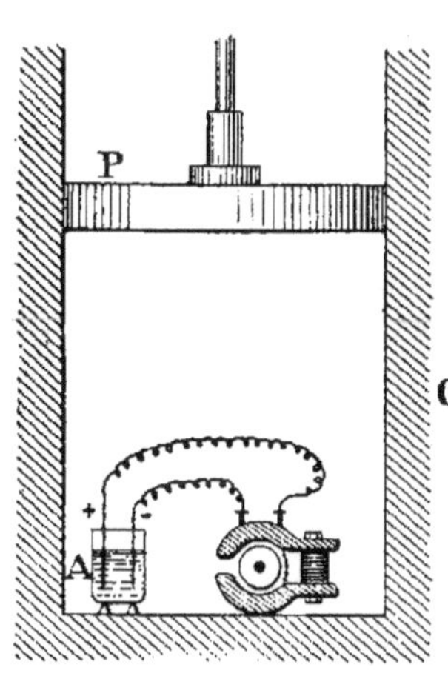

Fig. 37.

Supposons, fig. 37, un élément A de pile renfermé avec ses appareils d'utilisation dans l'enceinte formée par un cylindre recouvert d'un piston P. Soit E la force électromotrice de la pile, m la quantité d'électricité qui, à un instant quelconque, a traversé le circuit, θ la température absolue. Comme le fonctionnement de la pile altère la concentration des liquides de l'élément, pour obtenir une concentration constante, il faudrait ajouter ou retrancher de l'eau à l'électrolyte, en s'appliquant à rester dans les conditions de réversibilité thermodynamique. Si l'on suppose le corps de pompe rempli de vapeur saturée, il suffira de soulever ou d'abaisser le piston pour déterminer la vaporisation ou la condensation nécessaire au maintien de la concentration.

Si U est l'énergie interne de l'ensemble des corps compris dans le corps de pompe, dT le travail mécanique du système pendant le temps dt, dQ la chaleur absorbée par l'ensemble des corps, J l'équivalent mécanique de la chaleur, on aura, en vertu du principe d'équivalence :

$$d\mathrm{U} = d\mathrm{T} - \mathrm{J}.d\mathrm{Q};$$

or dT se compose :

1º du travail électrique E.dm;

2º du travail du piston $p.dv$, en appelant p la pression de la vapeur par centimètre carré; de sorte que :

$$d\mathrm{T} = \mathrm{E}.dm + p.dv.$$

D'autre part, on a :

$$d\mathrm{Q} = \mathrm{L}.\,dv + \Lambda.\,dm + \Gamma.\,d\theta,$$

où L est la chaleur latente de vaporisation à *température constante*, lorsque le courant est *nul*.

Λ est la chaleur *absorbée* lorsque le *volume et la température restant constants*, l'unité d'électricité traverse le circuit.

Γ est la capacité calorifique du système, lorsque le courant est *nul* et le *volume constant*.

Il en résulte que :

$$d\mathrm{U} = \mathrm{E}.\,dm + p.\,dv - \mathrm{J}\,(\mathrm{L}.\,dv + \Lambda.\,dm + \Gamma.\,d\theta)$$

$$-\frac{d\mathrm{U}}{\mathrm{J}} = \Gamma\,d\theta + \left(\mathrm{L} - \frac{p}{\mathrm{J}}\right) dv + \left(\Lambda - \frac{\mathrm{E}}{\mathrm{J}}\right) dm.$$

Cette expression est une différentielle exacte, d'après le principe d'équivalence de Mayer (1), de sorte qu'on a, *entre les dérivées partielles*, les relations :

$$\frac{d\Gamma}{dm} = \frac{d\Lambda}{d\theta} - \frac{d\mathrm{E}}{d\theta} \times \frac{1}{\mathrm{J}}, \tag{1}$$

$$\frac{d\Gamma}{dv} = \frac{d\mathrm{L}}{d\theta} - \frac{dp}{d\theta} \times \frac{1}{\mathrm{J}}, \tag{2}$$

$$\frac{d\Lambda}{dv} - \frac{d\mathrm{E}}{dv} \times \frac{1}{\mathrm{J}} = \frac{d\mathrm{L}}{dm} - \frac{dp}{dm} \times \frac{1}{\mathrm{J}}. \tag{3}$$

---

(1). Mayer (Jules-Robert de), physicien et médecin allemand, né et mort à Heilbronn (1814-1878). Un des premiers, il a énoncé clairement le principe de la conservation de l'énergie.

Le principe de Sadi-Carnot et Clausius veut que $\dfrac{dQ}{S}$ soit une différentielle exacte, or :

$$\frac{dQ}{\theta} = \frac{L}{\theta}\,dv + \frac{\Lambda}{\theta}\,dm + \frac{\Gamma}{\theta}\,d\theta$$

on a donc, *entre les dérivées partielles,* les relations :

$$\frac{d\left(\dfrac{\Gamma}{\theta}\right)}{dm} = \frac{d\left(\dfrac{\Lambda}{\theta}\right)}{d\theta} \quad \text{ou} \quad \frac{d\Gamma}{dm} = \frac{d\Lambda}{d\theta} - \frac{\Lambda}{\theta}, \tag{4}$$

$$\frac{d\left(\dfrac{\Gamma}{\theta}\right)}{dv} = \frac{d\left(\dfrac{L}{\theta}\right)}{d\theta} \quad \text{ou} \quad \frac{d\Gamma}{dv} = \frac{dL}{d\theta} - \frac{L}{\theta}, \tag{5}$$

$$\frac{d\left(\dfrac{\Lambda}{\theta}\right)}{dv} = \frac{d\left(\dfrac{L}{\theta}\right)}{dm} \quad \text{ou} \quad \frac{d\Lambda}{dv} = \frac{dL}{dm}. \tag{6}$$

Si l'on retranche membre à membre (4) de (1), on déduit :

$$\Lambda = \theta\,\frac{dE}{d\theta}\frac{1}{J}.$$

Or, il est facile de voir, d'après les définitions même, que :

$$\Lambda = -C_s \quad \text{par conséquent} \quad \Lambda = C_v - C_e,$$

et ainsi :

$$\theta \times \frac{dE}{d\theta} \times \frac{1}{J} = C_v - C_e ;$$

et en remarquant que :

$$E = J.C_v, \qquad \text{et} \qquad J \times C_e = \frac{J}{96.600} \times \frac{q}{n},$$

on en déduit : (*n* étant le nombre de valences qu'échangent les ions, *q* la chaleur de formation de la molécule à partir des éléments que l'électrolyse sépare :

$$E = \frac{J}{96.600} \times \frac{q}{n} + \theta \times \frac{dE}{d\theta}. \tag{7}$$

Cette formule a été établie la première fois par Helmholtz; elle corrigea la formule erronée $E = \dfrac{J}{96.600} \times \dfrac{q}{n}$ donnée par Lord Kelvin qui l'appliqua à l'élément Daniell; le tableau montre que précisément, pour le Daniell, $C_s = 0$ sensiblement, de sorte qu'avec un calcul erroné, Lord Kelvin exprima un résultat exact pour la force électromotrice de cette pile. La formule (7) a été établie en appliquant les lois de la thermodynamique, elle suppose donc que les phénomènes dont la pile est le siège sont réversibles, au sens attaché à ce mot, par la thermo-dynamique (ou tout au moins que les phénomènes irréversibles ont une influence négligeable), ceci exige en premier lieu que l'énergie mise en jeu soit faible, c'est-à-dire que i soit faible. Au surplus, dans la plupart des piles, les réactions chimiques dont elles sont le siège sont des plus complexes, et, il faut le reconnaître, *fort mal connues* encore généralement; l'emploi de la formule (7) ne sera donc pas toujours très facile.

La forme du terme correctif d'Helmholtz et celle de l'effet Peltier sont identiques. Il s'agit en effet d'un phénomène de surface, car, la loi de Joule ayant été reconnue exacte pour les électrolytes, la chaleur secondaire ne peut donc pas intéresser les résistivités et les masses du liquide (et encore moins celles des électrodes), mais seulement les surfaces.

M. Bouty a fait de la formule d'Helmholtz une intéressante vérification dans le cas du sulfate de cuivre.

Forme de la force électromotrice en fonction de la température. — De l'égalité ci-dessus établie entre différentielles partielles :

$$\Lambda = \theta \, \frac{dE}{d\theta} \, \frac{1}{J},$$

on déduira :

$$\frac{d.\Lambda}{d\theta} = \frac{1}{J} \frac{dE}{d\theta} + \frac{\theta}{J} \frac{d^2E}{d\theta^2},$$

et, en combinant avec l'équation (1) précédemment envisagée, on déduit :

$$\frac{d\Gamma}{dm} = \frac{J}{\theta} \times \frac{d^2E}{d\theta^2}.$$

Or Γ se compose de deux parties, l'une Γ_1, indépendante du courant au point de vue constitution, tel le vase, telle l'âme des électrodes, etc..., par conséquent, $\frac{d\Gamma_1}{dm} = 0$, pour laquelle l'autre partie Γ_2 dépend de l'électrolyte et fournit l'égalité :

$$\frac{d\Gamma}{dm} = \frac{d\Gamma_2}{dm}.$$

On a donc :

$$\frac{d\Gamma}{dm} = \frac{d\Gamma_2}{dm} = \frac{\theta}{J} \frac{d^2E}{d\theta^2}.$$

Tant que la capacité calorifique à volume constant est *peu alté-rée* par la réaction qui se passe dans la pile, on a $\dfrac{d\Gamma}{dm} = 0$.

Et ainsi $\dfrac{1}{J}\dfrac{d^2E}{d\theta^2} = 0$, ou en prenant l'échelle ordinaire de tempé-rature, $\dfrac{d^2E}{dt^2} = 0$,

et comme conséquence :

$$E_t = At + B. \tag{8}$$

En réalité cette démonstration s'appuie sur la loi de Wœstyn : *La chaleur spécifique d'un composé est la somme des chaleurs spécifiques des composants.* Or, Berthelot a démontré que, lorsque dans une série d'actions chimiques, il y a changement d'état physique, dissolution par exemple d'un corps solide, la loi de Wœstyn n'est plus applicable, donc Γ varie un peu avec le temps.

On écrit ordinairement (8) sous la forme suivante :

$$E_t = E_{t_0} \left\{ 1 - \alpha\,(t - t_0) \right\}.$$

Puisque Γ est ainsi toujours un peu altérée, $\dfrac{d\Gamma}{dm}$ n'est pas nul, mais très petit ; aussi, beaucoup d'auteurs ont calculé un troisième terme pour cette formule :

$$E_t = E_{t_0} \left\{ 1 - \alpha\,(t - t_0) - \beta\,(t - t_0)^2 \right\}.$$

Dans le fascicule sur les unités, il sera décrit avec soin les piles dites étalons de force électromotrice; ces piles ont toutes leurs formules de correction avec la température. Nous donnerons en ce moment, à titre d'indication, les formules de quelques éléments dans le tableau suivant, étant entendu que ces expressions n'ont de valeur qu'autant que *la pile ne fatigue pas*, afin de rester toujours semblable à elle-même.

NOM DE LA PILE SPÉCIFICATION DES ÉLÉMENTS	FORMULE A UN TERME en volt	FORMULE A DEUX TERMES en volt
Latimer Clark ($E_{15}=1,434$ volts). Zinc | solution saturée de sulfate de zinc et de sulfate mercureux | mercure.	$E_t=E_{15}\,(1-0,0008\,(t-15))$	$E_t=E_{15}\,(1-0,000814\,(t-15)-0,000007\,(t-15)^2$
Daniell. Spécification décrite plus loin .	$E_t=1,0945\,(1-0,00047\,t)$	....
Gouy. Zinc | Sulfate de zinc et oxyde de mercure | mercure.	$E_t=1,390-0,0002\,(t-12)$	....

Reprenons une des équations qui nous a servi à trouver la formule de Helmholtz, avec les mêmes hypothèses d'agencement d'expérience donnée par la figure 37 :

$$dT = E\,dn + pdv.$$

Si nous supposons que le petit moteur de cette figure soit un moteur idéal sans frottement d'aucune sorte (mécanique, électrique ou magnétique), si nous supposons, de plus, que la force contreélectromotrice de ce petit moteur diffère très peu de celle de la pile, le courant dans ces conditions sera faible, en un mot, tout l'agencement sera disposé de façon à ce que le cycle parcouru soit absolument réversible: si, alors, on fournit extérieurement la chaleur nécessaire pour que l'opération soit isotherme, le travail produit par le système ne dépendra, dans ces conditions, que de l'état initial et de l'état final de ce système, c'est-à-dire que dT sera une différentielle exacte.

Or :

$$dv = \frac{dv}{dp}\,dp + \frac{dv}{dm}\,dm,$$

d'où

$$dT = \left(E + p\,\frac{dv}{dm} \right) dm + p\,\frac{dv}{dp}\,dp;$$

en écrivant que cette différentielle est exacte, on obtient entre différentielles partielles :

$$\frac{dE}{dp} + \frac{dv}{dm} + p\,\frac{d^2v}{dm.\,dp} = p\,\frac{d^2v}{dm.\,dp},$$

ou encore :

$$\frac{dE}{dp} = -\,\frac{dv}{dm}.$$

Or, si dans l'agencement de la figure 37, il y a absorption ou dégagement gazeux, $\frac{dv}{dm}$ varie, il en résulte une variation pour $\frac{dE}{dp}$. On voit ainsi que la force électromotrice d'une pile *dépend également de la pression.*

CHAPITRE V

Couplage de piles. — Monographie des principales piles hydroélectriques.

Mode de groupement. — Supposons que nous ayons m éléments semblables de force électromotrice e et de résistance r; ils peuvent être groupés de diverses manières :

1º On place les éléments les uns à la suite des autres, fig. 38, on relie le pôle + du premier au pôle — du second, le pôle + du second au pôle — du troisième et ainsi de suite. A chaque extrémité de la chaine, il y a deux pôles libres. Ce groupement correspond au *couplage en série* ou *en tension ;*

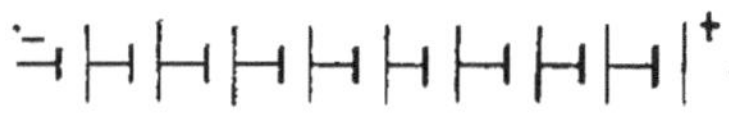

Fig. 38

2º On réunira ensemble tous les pôles + et ensemble tous les pôles — (fig. 39). On aura ainsi deux barres de connexions auxquelles le conducteur extrapolaire viendra aboutir. Ce groupement correspond au *couplage en parallèle, en quantité* ou en *batterie ;*

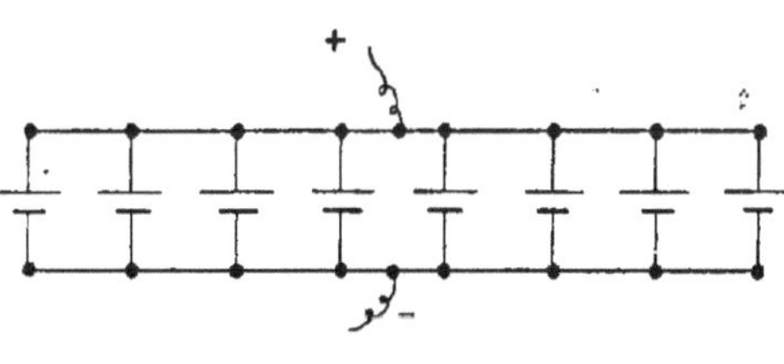

Fig. 39

3º On peut former p chaines identiques correspondant au couplage en série de m éléments entièrement semblables, puis on peut grouper *en quantité* ces p chaines. Les figures 40 et 41 indiquent schématiquement ce montage en série parallèle.

Groupement en tension. — On aura évidemment pour force électromotrice de la chaine de n éléments :

$$E = m.\,e.$$

Le courant traversant successivement chaque élément, la résistance totale intérieure sera évidemment aussi :

$$R = m.r.$$

Si R' est la résistance extérieure du conducteur électrique, le cir-

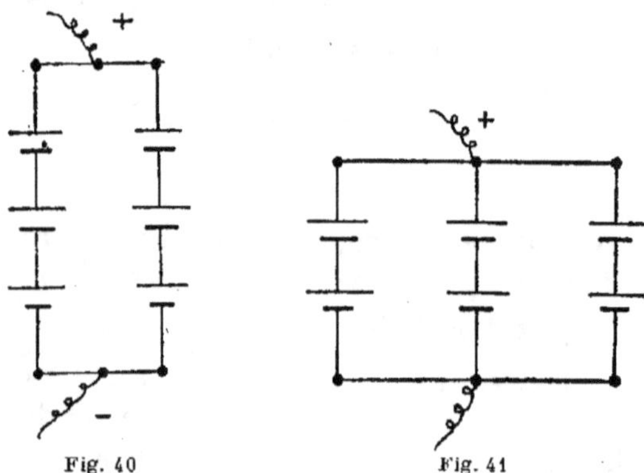

Fig. 40   Fig. 41

cuit extérieur étant supposé ne contenir qu'une résistance ohmique, on aura pour valeur du courant :

$$I = \frac{me}{mr + R'} = \frac{e}{r + \dfrac{R'}{m}}.$$

Si R' est grand par rapport à r et même seulement par rapport à mr, le courant aura à très peu près la valeur de $\dfrac{mE}{R'}$, il sera donc proportionnel au nombre des éléments de la pile ; c'est le cas rencontré en téléphonie ou télégraphie.

Si maintenant R' est petit par rapport à mr, la valeur de I sera à très peu près égale à $\dfrac{E}{r}$, il est dans ce cas inutile d'augmenter le nombre des éléments du circuit.

Groupement en batterie. — La force électromotrice aux bornes de ce groupement (fig. 39) est égale à e ; si m est le nombre des éléments, la résistance réduite intérieure des m éléments en parallèle est :

$$\rho = \frac{1}{\dfrac{1}{r} + \dfrac{1}{r} + \ldots \dfrac{1}{r}} = \frac{1}{\dfrac{m}{r}} = \frac{r}{m}.$$

Le courant dans le circuit de résistance R' est donc :

$$I = \frac{e}{\rho + R'} = \frac{e}{\dfrac{r}{m} + R'} = \frac{me}{r + m\,R'}.$$

Si R' est très grand, r est négligeable devant mR', et le courant est indépendant du nombre d'éléments $I = \dfrac{e}{R'}$; il ne faudrait pas conclure que, dans ce cas, il est inutile de mettre des éléments en parallèle, car chaque élément ne fournit que le $m^{ième}$ du courant total et demander à une, ou même quelques-unes des piles, le courant total, serait le plus souvent dépasser le régime auquel ces éléments doivent être soumis.

Si R' est, au contraire, négligeable devant r, on a :

$$I = \frac{ne}{r};$$

dans ce cas l'intensité est proportionnelle au nombre des éléments. Ainsi, tandis que le *montage en série doit être réservé au cas d'un conducteur extérieur très résistant, le montage en parallèle doit être réservé au cas d'une ligne très peu résistante.*

Groupement en série parallèle. — On calcule facilement la force électromotrice et la résistance réduite intérieure, dans le cas de p chaînes identiques, chaque chaîne étant composée de m éléments semblables de force électromotrice e et de résistance intérieure r :

$$E = me \qquad \rho = \frac{1}{\dfrac{1}{mr} + \dfrac{1}{mr} + \cdots \dfrac{1}{mr}} = \frac{1}{\dfrac{p}{mr}} = \frac{m}{p}r.$$

Le courant I circulant dans un fil conducteur extra-polaire est donc donné par la formule :

$$I = \frac{m.e}{\dfrac{m}{p}r + R'} = \frac{m.p.e}{mr + p\,R'}.$$

Cherchons à obtenir le plus grand courant possible avec un nombre fixe d'éléments, c'est-à-dire en supposant $mp = C^{te}$; le maximum de I, quotient d'une grandeur constante mpe par une grandeur $(mv + pR)$ dépendant de m et p, a lieu avec le minimum de $mr + pR'$; or, ce minimum aura lieu, lorsque :

$$d\,(mr + pR') = 0.$$

ou :

$$r.\,dm + R'\,dp = 0,$$

mais comme :

$$mp = C^{te}, \qquad p\,dm + m\,dp = 0,$$

de sorte que le maximum de I aura lieu, lorsque :

$$mr = pR'.$$

Puissance des piles. — Supposons que nous ayons à disposer de 210 éléments environ d'un type déterminé de pile, les constantes de chaque élément étant :

$$e = 1,8 \text{ volts,}$$

et la résistance intérieure :

$$r = 0,4\,;$$

supposons de plus que nous ayons p chaînes identiques de m éléments pour le montage en série parallèle :

$$p \times m = 210.$$

Le fil interpolaire est un fil de cuivre de 250 mètres et de 10 millimètres carrés de section; en se rappelant que sa résistivité spécifique est 1,59 microhm centimètre, sa résistance est donc à $0°$:

$$R' = \frac{25.000}{0,1} \times 1,59 \times 10^{-6}.$$

$$R' = 0,398 \text{ ohm soit } 0,4 \text{ en chiffres ronds.}$$

La résistance de chaque chaîne est de $m \times 0,4$; la résistance intérieure réduite de l'ensemble est ainsi de $\dfrac{m \times 0,4}{p}$.

Le courant dans le fil interpolaire sera :

$$I = \frac{mp \times 1,8}{mr + pR'} = \frac{210 \times 1,8}{0,4\,(m + p)} = \frac{945}{m + p}.$$

Le maximum de I aura lieu, lorsque :

$$dm + dp = 0,$$

c'est-à-dire quand :

$$p.\,dm + m\,dp = 0 \quad \text{ou} \quad p = m,$$

d'où :

$$p = \sqrt{p.m} = \sqrt{210} = 14{,}51.$$

Donc on devra prendre un des deux systèmes de nombres entiers :

$$p = 14, \quad \text{avec} \quad m = 15, \quad \text{ou} \quad p = 15, \quad \text{avec} \quad m = 14,$$

car le produit de 14 par 15 est 210.

Le courant est dans le système ($p = 14$, $m = 15$) :

$$I = \frac{945}{29} = 32{,}6 \text{ ampères.}$$

La puissance fournie par la pile pour le travail électrique sera :

$$P_1 = m\,e \times I = 15 \times 1{,}8 \times 32{,}6 = 880 \text{ watts.}$$

La puissance fournie au circuit extérieur seul sera, en vertu de la formule établie au début de ce fascicule :

$$P_2 = R'I^2 = 0{,}4 \times \overline{32{,}6}^2 = 425 \text{ watts.}$$

Dans le système ($p = 15$, $m = 14$), on aurait eu :

$$I = \frac{945}{29} = 32{,}6 \text{ ampères.}$$

La puissance fournie par la pile serait dans ce cas :

$$P_1' = m\,e \times I = 14 \times 1{,}8 \times 32{,}6 = 822 \text{ watts.}$$

Tandis que la puissance fournie au circuit interpolaire serait encore de :

$$P_2 = R'I^2 = 0{,}4 \times \overline{32{,}6}^2 = 425 \text{ watts.}$$

Il sera donc préférable de choisir le deuxième montage, puisque pour une dépense en énergie des piles moindre, il donne le même effet utile.

Généralités sur l'étude des piles. — Au point de vue pratique, la connaissance de la force électromotrice d'une pile, c'est-à-dire la différence de potentiel qu'on peut relever à ses bornes en circuit ouvert et la mesure de sa résistance intérieure, ne suffisent pas pour permettre de donner une appréciation sur ses qualités. Il est utile aussi de connaître le courant qu'elle peut fournir sous des conditions déterminées; il est, en un mot, utile de connaître ses qualités de marche et son endurance, pour employer ce mot susceptible de mieux faire comprendre la pensée. Il faudra donc étudier comment varie la différence de potentiel à ses bornes, lorsqu'on fait varier le régime en diminuant ou en augmentant la résistance interpolaire. On se servira pour des mesures de précision ordinaire du voltmètre; cet appareil usuel sera décrit dans la suite; si l'on veut opérer de façon beaucoup plus précise, on emploiera des méthodes spéciales, qui seront décrites dans le fascicule sur les mesures électriques.

Lorsqu'une pile est mise en circuit sur une résistance R interpolaire, on constate une brusque diminution de la différence de potentiel; cette chute est due à la résistance interne et sa valeur est Ir; on sait, en effet, que si E est la force électromotrice de la source R et r les résistances extérieures à la source et I le courant, on a :

$$E = (R + r)\,I.$$

La différence lue aux bornes lorsque le courant I fonctionne est :

$$E - rI = RI = R\,\frac{E}{R+r},$$

de sorte que la valeur de la chute rI est $r\dfrac{E}{R+r}$.

Au fur et à mesure du fonctionnement de la pile sous le courant constant I, il se produit un abaissement progressif de la différence de potentiel, dû au phénomène de polarisation de la pile. On ne peut fixer la loi de cette variation en fonction du temps.

Si l'on rompt le circuit, la différence de potentiel remonte d'un bond, puis progressivement, et ce n'est qu'au bout d'un temps plus ou moins long qu'on peut relever à circuit ouvert, entre les bornes de la pile, une différence de potentiel égale à la force électromotrice. Ce phénomène tient à ce qu'à circuit ouvert, la pile, automatiquement, s'est dépolarisée. Toutefois, une pile qui a subi une polarisation importante par une première marche intensive se polarise beaucoup plus rapidement qu'une pile fraîchement constituée. Le bond qu'on relève dans la mesure de la différence de potentiel aux bornes d'une pile, lorsqu'on vient à rompre le circuit extérieur, paraît dû à ce que, dès les premiers instants de l'ouverture du circuit, le pôle positif se dépolarise seulement en quelques points; on conçoit alors que si on ne laisse pas un temps de repos suffisant, la polarisation reparaîtra rapidement aussi intense qu'à l'ouverture du circuit.

Pile à un seul liquide. — Type Volta. — Sous la forme donnée tout d'abord par Volta, elle était composée de lames de Cu et de Zn

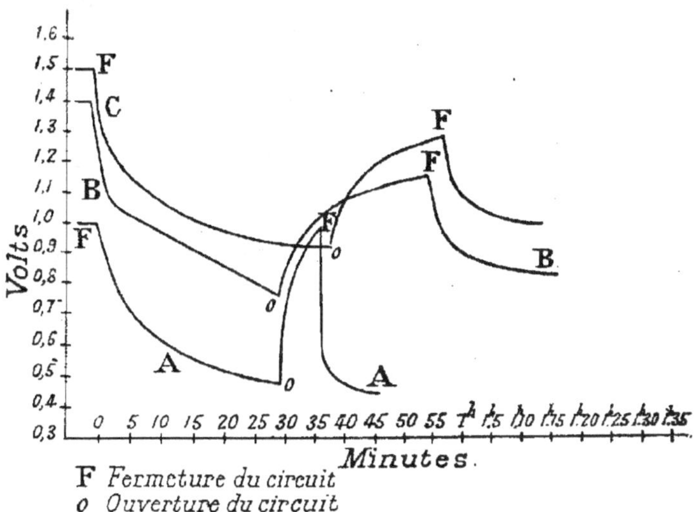

Fig. 42

plongeant dans une dissolution étendue d'eau. Il y a substitution du Zn à l'hydrogène de l'acide. La force électromotrice à circuit ouvert est d'environ 1 volt.

La courbe A, de la figure 42, tirée de l'excellent ouvrage de M. Ch. Fabry, sur les Piles, donne les variations de la différence de potentiel aux pôles d'une pile fermée sur 10 ohms, puis ouverte pour être refermée ensuite. Les mesures de résistance intérieure montrent que celle-ci est très variable avec le régime. Au bout de 30 minutes, la différence de potentiel est descendue au-dessous de 0,5 volt, le fonctionnement cesse alors d'être pratique, le rendement devient, en effet, très mauvais.

La courbe B, tirée du même ouvrage précité, est obtenue après avoir remplacé le pôle positif par du charbon, substance poreuse dont le rôle probable est d'augmenter la surface; on trouve dans ce cas, des résultats bien supérieurs, comme l'indique la courbe B, cette courbe donne la différence de potentiel en fonction du temps pour une pile dans laquelle la surface du charbon est de 80 centimètres carrés. La pile a été fermée sur 10 ohms, puis ouverte, enfin fermée de nouveau.

C'est grâce à la porosité de la mousse de platine que Smée a pu obtenir la remarquable pile qui a servi aux expériences de Favre. Avec des courants peu intenses, la pile, surtout si elle vient de subir un long repos, se polarise très lentement.

La courbe C, représentée sur la figure 42, représente le fonctionnement de la pile Zn—AzH⁴Cl—C, la surface du charbon est de 80 centimètres carrés. Le circuit est ouvert sur 10 ohms, puis ouvert, pour être ensuite refermé.

Piles à un seul liquide oxydant. — Si le liquide est fortement oxydant, le dégagement de l'hydrogène au pôle positif n'aura pas lieu; de plus, l'oxydation de l'hydrogène étant accompagnée d'un dégagement de chaleur, la force électromotrice sera plus élevée que celle de la pile Volta.

Toutefois, il est très difficile de trouver un liquide ayant des propriétés oxydantes énergiques et qui n'attaquent pas le zinc en circuit ouvert. On emploie le bichromate de potasse ou de soude, additionné ordinairement d'acide sulfurique.

La pile Grenet, ou pile bouteille, fig. 43, comprend deux charbons au pôle positif, entre lesquels se place l'électrode en zinc, servant de pôle négatif. Lorsque la pile ne fonctionne pas, on peut retirer le zinc du liquide pour éviter l'attaque à circuit ouvert. La force électromotrice à circuit ouvert est de 2,02 volts environ.

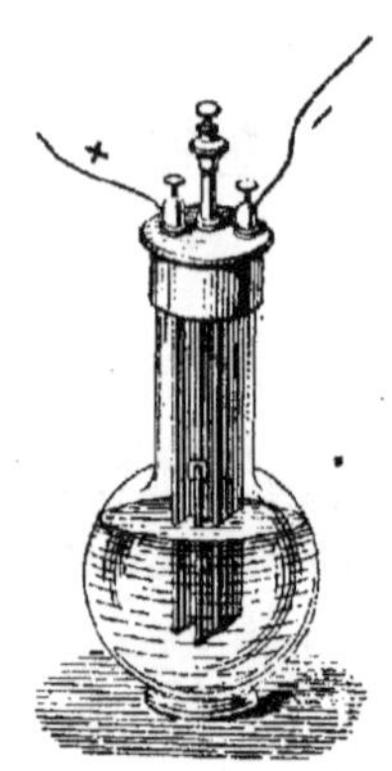

Fig. 43

Piles non réversibles, à deux liquides. — Les types de ces piles sont celui de Bunsen et celui de Poggendorff.

L'élément Bunsen est assez employé dans les laboratoires pour la production de courants de 15 à 20 ampères, pendant quelques heures. Ce couple se compose d'un vase, fig. 44, séparé en deux compartiments par une cloison poreuse; le premier compartiment contient de l'eau acidulée (acide sulfurique au $^1/_{20}$) et une lame de zinc amalgamée, qui constitue le pôle négatif; le second renferme de l'acide azotique du commerce à 36° B, comme électrode, enfin, un gros cylindre de charbon de cornue qui forme le pôle positif.

Lorsqu'on ferme le circuit, les liquides sont électrolysés; le radical SO⁴ se porte sur le zinc, qu'il transforme en sulfate de zinc, l'hydrogène tendrait à se former au pôle positif, où il est oxydé par l'acide azotique.

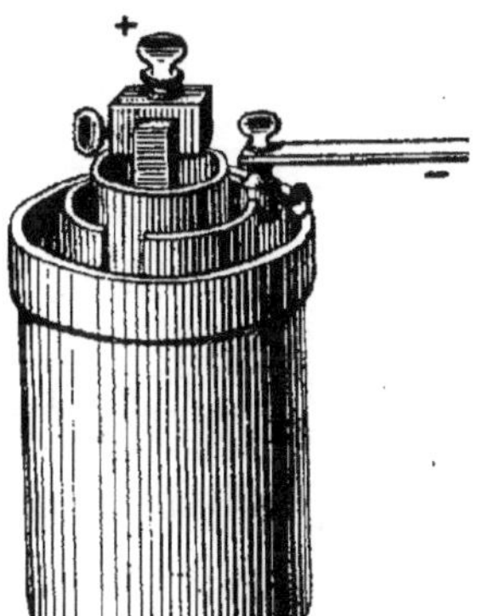

L'idée de l'emploi de l'acide nitrique comme dépolarisant est due à Grove, qui prenait une lame de platine comme électrode positive. La réaction dépolarisante est la suivante :

$$2\,Az\,O^3H + 2H = Az^2O^4 + 2H^3O.$$

Avec l'acide azotique du commerce à 36° B, la force électromotrice est de 1,8 volt; elle reste sensiblement la même en circuit fermé. Le degré de concentration de l'acide nitrique baisse rapidement; lorsque ce produit marque 30° B, la force électromotrice fléchit en peu de temps, la réaction change de nature ; quand l'acide azotique ne marque plus que 28° B, on est

Fig. 44

contraint de le changer. En somme, l'acide nitrique est gaspillé, un tiers seulement de son oxygène sert à la réaction dépolarisante.

Cette pile primaire est la plus puissante de celles qu'on emploie couramment; elle a une faible résistance intérieure, de l'ordre du 1/10 ohm (pile de 5 à 6 litres) et une grande force électromotrice; malheureusement, elle est des plus incommodes à cause des vapeurs acides qu'elle dégage et de la nécessité de renouveler sans cesse l'acide azotique.

Lorsque dans la pile de Bunsen, on remplace l'acide nitrique par un mélange de bichromate de sodium et d'acide sulfurique, capable de fournir de l'acide chromique, on évite le dégagement de vapeur nitreuse, de plus, la pile acquiert une longue résistance. C'est la *pile de Poggendorff*.

On peut employer, dans cette pile, pour mélange oxydant :

Eau..........................	10 parties en poids
Bichromate de soude du commerce....	1 —
Acide sulfurique.	1,8 —

La force électromotrice est de 2 volts; elle baisse lentement au fur et à mesure de l'oxydation de l'acide chromique.

Pile à dépolarisant solide. — Pile Leclanché. — Cette pile est très utilisée dans l'industrie pour les sonneries et la téléphonie dans l'intérieur des immeubles. La dépolarisation est lente, mais comme l'usage de ces piles est intermittent, elles peuvent achever leur dépolarisation pendant le temps de repos.

Le pôle positif est en charbon, il est entouré de bioxyde de manganèse aggloméré ou mélangé avec du charbon en grains servant de dépolarisant ; le zinc plonge dans une dissolution de chlorhydrate d'ammoniaque.

Cette pile a fait l'objet d'une étude de Ditte; la réaction qui se passe dans la pile sera exprimée par :

$$2\,AzH^4Cl + Zn = ZnCl^2 + 2\,AzH^3 + 2\,H.$$

L'hydrogène, en se portant au pôle positif, rencontre le dépolarisant en bioxyde de manganèse; la réduction a lieu suivant la formule :

$$2\,MnO^2 + 2H = Mn^2O^3 + H^2O.$$

La diffusion des liquides n'amène pas, au moins au début, de précipité, car l'ammoniaque ne précipite pas les sels de zinc en présence d'un excès ammoniacal; mais, au bout d'un certain temps, il se dépose des cristaux dont la formule est :

$$2\,AzH^4Cl,4ZnO + 9\,H^2O.$$

Ces cristaux se déposent sur le zinc en augmentant la résistance intérieure et en gênant la marche de la pile. Les cristaux n'adhèrent pas au zinc, si l'on ajoute une certaine quantité de chlorure de zinc et mieux encore un mélange de chlorure de zinc et de bichlorure de mercure.

Le chlorhydrate d'ammoniaque doit être pur et exempt de sel de plomb, car un dépôt de plomb sur le zinc formerait des couples locaux qui activeraient l'usure du zinc.

On a, dans le commerce, quatre types de piles Leclanché :

1° Pile à vase poreux ;
2° Pile à aggloméré ;
3° Pile à zinc central et pôle positif annulaire (Leclanché-Barbier) ;
4° Pile à liquide immobilisé.

1° La *pile à vase poreux*, fig. 45, se compose d'un vase en verre de forme carrée ; dans un des angles se trouve le bâton de zinc, le mélange tassé de bioxyde de manganèse et de charbon est placé dans un vase poreux en porcelaine non vernie, une lame de charbon de cornue forme le pôle positif de la pile, elle est disposée au milieu du mélange dépolarisant. Le vase poreux, qui est placé dans le bocal en verre, est fermé au moyen de cire à cacheter, sauf une petite ouverture pour le départ des gaz.

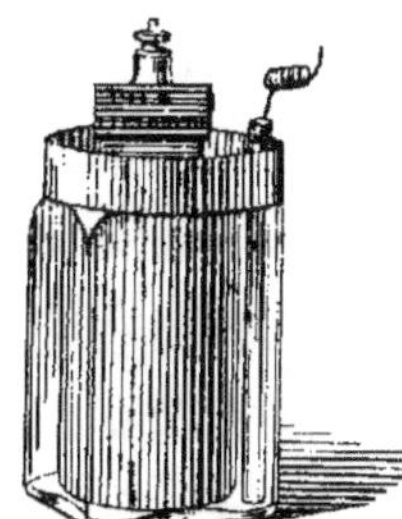

Fig. 45

Force électromotrice de l'élément.. 1,55 volt.
Résistance intérieure............. 2 à 3 ohms.

2° Dans la *pile à agglomérés*, le pôle positif est formé d'un charbon plat sur lequel on maintient, au moyen de bracelets en caoutchouc, une ou plusieurs plaques agglomérées formées d'un mélange fortement comprimé composé de bioxyde de manganèse, de charbon, de résine et de gomme laque ; la résistance intérieure est beaucoup plus faible que dans le type précédent, elle peut tomber à la valeur $0^{\omega},15$ (fig. 46).

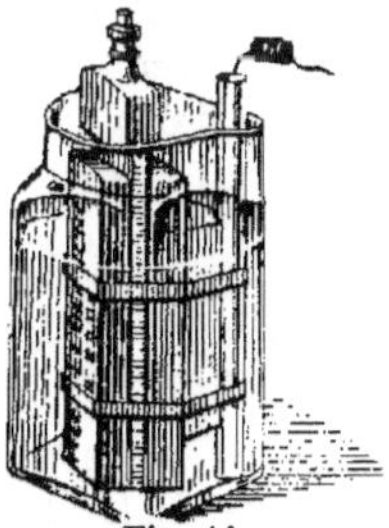

Force électromotrice de l'élément.. 1,60 volt.
Résistance intérieure............. 0,50 environ.

Fig. 46

3° Dans la pile *type Leclanché-Barbier*, le zinc est au milieu du bocal, le dépolarisant est formé en un cylindre creux auquel on donne la solidité voulue par une vulcanisation au soufre, fig. 47.

4° La maison Leclanché emploie comme liquide immobilisé la gelée végétale extraite de l'agar-agar. Cette gelée est dissoute à chaud avec le volume convenable de sel, on verse le liquide ainsi obtenu dans la pile, il prend en masse en se refroidissant.

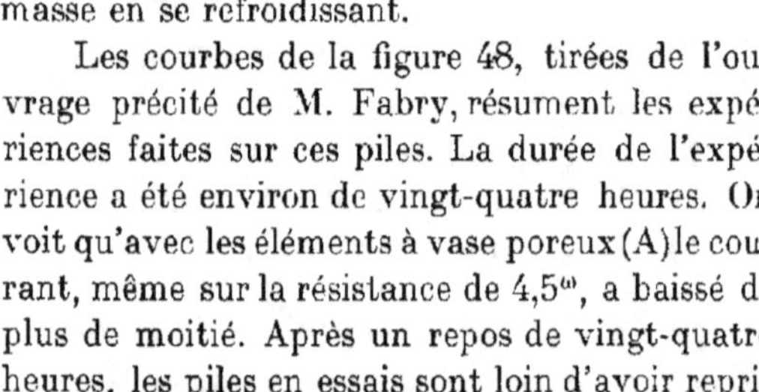

Fig. 47

Les courbes de la figure 48, tirées de l'ouvrage précité de M. Fabry, résument les expériences faites sur ces piles. La durée de l'expérience a été environ de vingt-quatre heures. On voit qu'avec les éléments à vase poreux (A) le courant, même sur la résistance de 4,5$^\omega$, a baissé de plus de moitié. Après un repos de vingt-quatre heures, les piles en essais sont loin d'avoir repris leur force électromotrice; les piles Leclanché-Barbier, désignées sous la lettre **B**, se comportent mieux, la dépolarisation est plus complète et plus rapide.

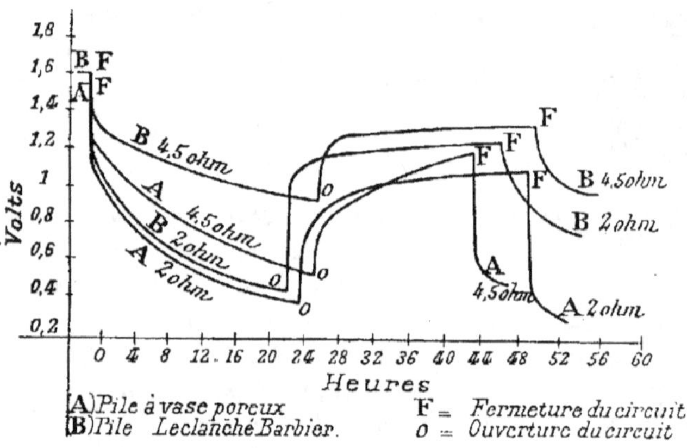

Fig. 48

Le dépolarisant des piles Leclanché peut, lorsqu'il est épuisé, être régénéré, en faisant passer un courant en sens inverse.

Piles à oxyde de cuivre. — Ces piles réalisées par de Lalande et Chaperon sont à dépolarisant solide CuO. Le zinc est attaqué par une solution de potasse, action qui n'a lieu qu'à circuit fermé. La formule de la réaction chimique est la suivante :

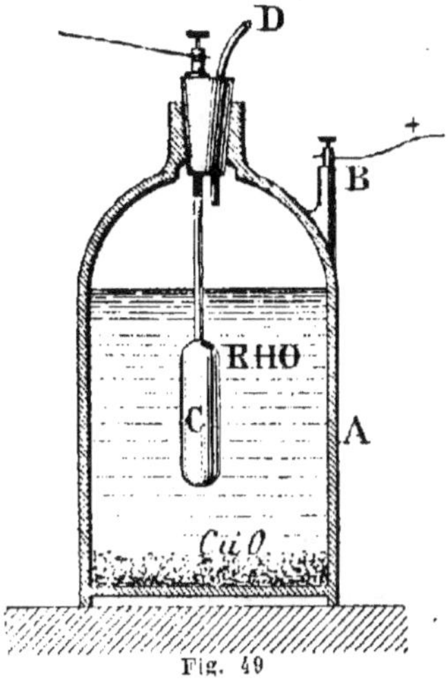

$$Zn + 2\,KHO = ZnO^2K^2 + 2H.$$

Le dépolarisant CuO est disposé au pôle positif, la formule de réduction est :

$$CuO + 2\,H = H^2O + Cu.$$

La pile est formée d'un vase de fonte paraffiné, une borne B fixée au vase lui sert de pôle positif, c'est le vase lui-même qui sert d'électrode; la couche d'oxyde de cuivre est au fond du vase. La dissolution de potasse au titre de 30 ou 40 % est placée au-dessus; dans cette dissolution plonge un cylindre C de zinc amalgamé suspendu par une tige de cuivre formant le pôle négatif. Pour empêcher l'accès de l'acide carbonique de l'air sur la potasse du vase, on a bouché celui-ci hermétiquement par un tube D de caoutchouc disposé comme une soupape (fig. 49).

Fig. 49

Force électromotrice : 0,85 volt en moyenne. La résistance intérieure 0,03 à 0,05 ohm.

Piles Daniell.   La pile Daniell est une pile à deux liquides séparés. Elle se compose d'un vase partagé en deux compartiments par une cloison poreuse : vase en porcelaine dégourdie, membrane végétale ou animale. Le compartiment intérieur est rempli par du sulfate de cuivre et l'électrode qui y plonge est une lame de cuivre mince, l'autre compartiment renferme de l'acide sulfurique étendu, dans lequel baigne une lame en zinc amalgamé présentant la forme d'un cylindre fendu, fig. 50.

L'hydrogène qui résulte de l'attaque du métal se porte sur la lame de cuivre formant le pôle positif, il est arrêté par le SO^4Cu suivant la forme :

$$SO^4Cu + 2\,H = SO^4H^2 + Cu.$$

Le zinc est attaqué et le cuivre mis en liberté.

La pile est impolarisable, puisque chaque électrode reste toujours en contact avec une dissolution de son propre sel; la force électromo-

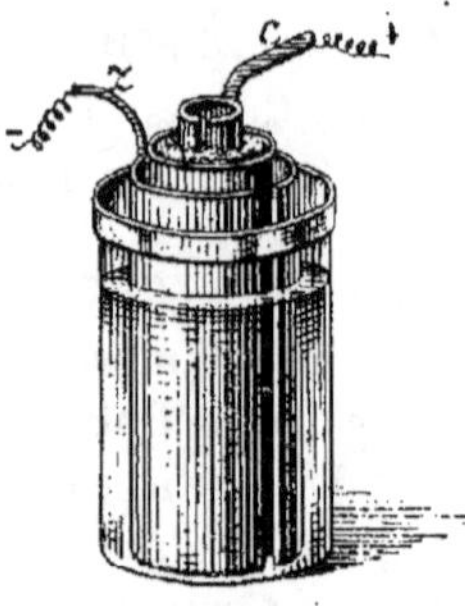
Fig. 50

trice est donc constante. Cette force électromotrice est de 1,09 volt, elle dépend très peu de la température et de l'état des liquides, mais la résistance intérieure est fonction de la concentration.

L'inconvénient de la pile Daniell est que le sulfate de cuivre finit par diffuser à travers le vase poreux.

L'expérience suivante, tirée de l'ouvrage précitée de M. Fabry sur les piles, a été faite avec un élément de pile Daniell à vase poreux de résistance intérieure égale à 0,65 ohm; la force électromotrice à circuit ouvert était de 1,112 volt; la pile a été fermée sur une résistance de 100 ohms; la figure 51 qui résume l'essai représente la variation de la différence de potentiel en fonction du temps.

Cette courbe permet de juger de la constante de la pile.

Piles de concentration. — C'est Helmholtz qui, le premier, a étudié théoriquement ce genre de source. Ces piles se composent de deux électrodes de même métal A plongeant dans des électrolytes du même sel de ce métal A, ces électrolytes étant à des degrés de concentration différents.

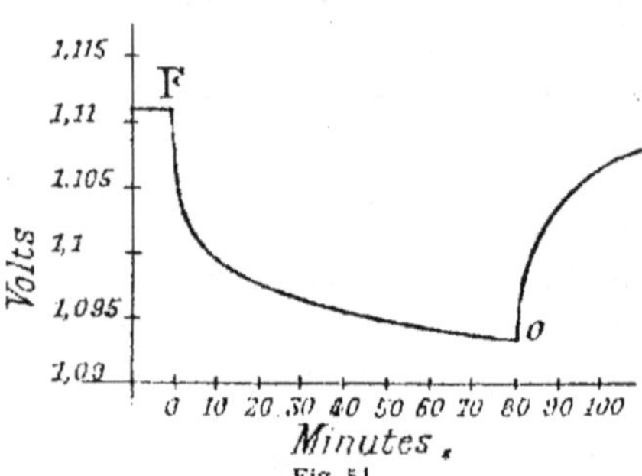

Fig. 51

Ces piles, dont la force électromotrice est de l'ordre des centièmes de volt, ont une existence précaire; car, au bout de quelques jours, les liquides se sont mutuellement altérés par diffusion, de sorte que l'élément est rapidement hors de tout service.

Piles étalons. — Les piles bien étudiées et présentant des caractères de constance sont indiquées pour servir comme étalon secondaire à la détermination des unités de potentiel; on examinera ces piles dans le fascicule relatif aux unités.

CHAPITRE VI

Théorie des Ions. — La décharge électrique
à travers les liquides.

Historique. — Clausius, en 1857, avait, au sujet d'une étude sur la conductibilité dans les électrolytes publiée dans les Annales de Poggendorf, exprimé un ensemble d'idées générales sur la dissociation électrolytique, ensemble d'idées qui fut repris et généralisé dès 1884 par le physicien Arrhénius, sous le nom de *Théorie des Ions.*

La Théorie des ions a eu injustement quelque peine à s'acclimater en France, malgré l'importance des travaux dont elle a été l'heureux prétexte à l'étranger; non seulement elle donne une explication simple des phénomènes électrolytiques, mais encore elle établit des liens entre les phénomènes, liens que l'expérience a toujours confirmé jusqu'ici.

Arrhénius a énoncé, en 1887, le principe suivant: *Les électrolytes sont exclusivement constitués par des solutions de sels* (sels proprement dits, bases acides minéraux ou organiques). Arrhénius, pour expliquer les phénomènes de l'électrolyse, généralise ainsi une hypothèse de Clausius : *Un sel en dissolution est toujours dissocié, pour une part plus ou moins grande, en ses ions.* Plus est grande la dilution, plus est complète la dissociation. Pour une dilution infinie, la dissociation serait totale; mais de cet état limite, une solution s'approche très rapidement lorsque la dilution augmente.

Le courant ne sépare pas les ions; *s'il passe,* c'est grâce aux ions *préalablement* séparés. Ainsi, en dissolution très étendue: une solution de sulfate de cuivre SO^4Cu contient des ions SO^4 et Cu, ceux-ci n'existent plus à l'état de combinaison, mais bien à l'état d'ion SO^4 et d'ion-cuivre, indépendants les uns des autres, possédant chacun leurs propriétés caractéristiques *indépendantes du corps composé en dissolution dont ils proviennent*; les propriétés caractéristiques des ions-cuivre (ou ion SO^4) étant celles de tous les ions-cuivres (ou ion SO^4) *de provenance quelconque.* On pourrait, en prenant tous les sels, successivement énoncer les mêmes propriétés; ainsi, dans une dissolution très étendue de chlorure de sodium, il n'y a plus de combinaison, mais seulement des ions-chlore et des ions-sodium, indépendants les uns des autres.

Théorie d'Arrhénius. — D'après M. Arrhénius, professeur à la Faculté de Stockholm, il y aurait une bien véritable dissociation du composé en ses éléments constitutifs. Ce qui souleva, au début, des objections, fut les conséquences du genre de celle-ci : Une dissolution de chlorure de sodium ne consistant pas, d'après Arrhénius, en un simple passage du corps de l'état solide à l'état gazeux, mais entraînant la libération au moins partielle en atomes distincts de chlore et de sodium à l'état d'ions; il en résulte que tandis qu'une molécule ordinaire de chlore placée dans l'eau est susceptible de produire avec cette eau une série de réactions chimiques plus ou moins compliquées, un atome chlore à l'état d'ion, c'est-à-dire chargé d'électricité, peut exister dans cette même eau sans donner lieu à aucune action chimique du genre de celles auxquelles nous venons de faire allusion.

Or, si on y regarde de plus près, on trouve des arguments qui expliqueraient cette anomalie. D'après la loi de Coulomb, deux atomes formant une molécule, chargés l'un d'électricité positive et l'autre d'électricité négative, sont liés par une force attractive de la forme

$$F = \frac{1}{K} \frac{mm'}{r^2},$$

où K est le coefficient conducteur spécifique du milieu dans lequel les deux corps en présence sont plongés. Or, ce coefficient dans l'eau est 80 fois environ plus considérable que dans l'air, c'est-à-dire que la force F de liaison est 80 fois plus faible dans l'eau que dans l'air; on s'explique alors que cette force soit suffisante pour maintenir la cohésion des molécules dans l'air et tout à fait insuffisante pour remplir le même rôle dans l'eau.

L'électrolyse, avec cette théorie, s'explique très simplement par l'attraction que les électrodes exercent sur les ions chargés. Ceux chargés positivement seront attirés vers l'électrode négative, ceux chargés négativement seront attirés vers l'électrode positive.

La théorie d'Arrhénius s'applique aussi aux phénomènes du genre de l'électrolyse qu'on peut effectuer sur les corps solides. Ainsi, si l'on applique les électrodes sur les deux faces d'une lame de verre, on pourra constater l'apparition de la silice au pôle positif. Pour que l'expérience réussisse d'une façon nette, il suffira de chauffer légèrement le verre, pour le rendre plus conducteur, et d'employer une différence de potentiel suffisamment élevée.

Cette proposition d'Arrhénius paraît, dans certains cas, en contradiction apparente avec les faits. Le présence d'ions libres, tels que le chlore, par exemple, dans une dissolution de chlorure de cuivre $CuCl^2$ devrait être l'origine d'une odeur de chlore; il n'en est absolument rien. Arrhénius, pour répondre à cette objection, admet comme nous venons de le dire, qu'à l'état d'ion le chlore (comme tous les ions), prend des propriétés constitutives particulières, et qu'étant chargé d'électricité, il existe dans la solution avec des *affinités libres*.

Cette idée d'Arrhénius semble être confirmée par la nature des colorations des dissolutions salines. Quand une dissolution d'un sel ou d'un acide est incolore, on doit en conclure, *conformément à l'expérience constante*, qu'aucun des deux ions dont le sel est composé n'est coloré. Ainsi, on vérifie que les ions K, Na, Ca, etc., ainsi que les ions Cl, Br, SO^4, etc., sont incolores. Mais les dissolutions très étendues de permanganates, de chromates, dont les anions permanganiques et chromiques sont colorés, possédent une coloration qu'on ne peut attribuer aux cathions incolores de potassium et de sodium. Également sont colorées les dissolutions étendues des sels de fer et de cuivre, dont les anions sont cependant incolores, mais dont les cathions ferreux, ferriques et cuivreux sont colorés. D'ailleurs, des expériences dues à M. Ostwald, sur les spectres d'absorption de solutions très étendues, confirment ces vues.

La diminution des hauteurs capillaires, la contraction du protoplasma, les phénomènes cryoscopiques et tout ce qu'on peut observer comme conséquences des effets des sels sur l'eau dissolvant, militent en faveur de la théorie des ions.

On peut généraliser et dire que, des études sur les dissolutions des sels, une loi qualitative se dégage, dont on reconnaît l'exactitude au fur et à mesure qu'on examine la théorie des ions; cette loi peut ainsi s'énoncer :

Une dissolution saline intègre la somme des propriétés physiques de l'eau, du sel et des ions, dont elle est composée, en tenant un juste compte des proportions de ces divers éléments.

Pour nous résumer, un ion, d'après les idées de Faraday, de Clausius et d'Arrhénius, se compose de l'atome porteur de sa quantité définie d'électricité. *L'ion, en venant toucher l'électrode, perd sa charge électrique, il cesse d'être ion et passe à l'état de matière ordinaire, d'atome ordinaire.*

Si dans un électrolyte traversé par un courant, les anions sont chargés d'une certaine espèce d'électricité, les cathions sont chargés de l'électricité de signe contraire, car les cathions et anions sont les produits d'une dissociation de molécule neutre à l'origine. Le flux d'électricité qui s'échappe de la cathode dans le circuit extérieur ayant le signe positif, nous devons conclure que ce sont les cathions qui véhiculent vers la cathode l'électricité positive, alors que les anions véhiculent vers l'anode la quantité correspondante d'électricité négative.

Comme les ions ne diffèrent des atomes correspondants que par leur charge électrique, on aura à considérer naturellement des ions monovalents, divalents, etc., correspondant aux atomes monovalents, divalents, etc.

En vertu de la troisième loi de Faraday, tous les atomes de même valence transportent la même charge électrique en valeur absolue; ainsi on remarque que les ions divalents porteront une charge électrique double de celle que porte un ion monovalent.

Propriétés des ions. — Les propriétés bien caractéristiques dont jouissent les ions sont les suivantes :

1º Les ions jouissent de la propriété de transporter l'électricité à travers les dissolutions; cette propriété leur est, de plus, exclusive;

2º Ils partagent avec les molécules, comme nous l'expliquerons plus loin, la propriété d'abaisser le point de congélation et de diminuer la tension de vapeur des dissolutions;

3º Les ions sont essentiellement solubles, jamais aucun ne se précipite, malgré l'habileté employée par l'expérimentateur;

4º Les ions sont fixes, car il est impossible de les isoler par distillation;

5º Les ions sont tous avides d'eau, ils prennent naissance à son contact et il est absolument impossible de les en séparer.

De toutes ces propriétés, la première peut passer pour une définition même des ions; des quatre dernières, nous retiendrons d'abord celle énoncée au nº 2; en remarquant que les propriétés 3, 4 et 5 sont absolument *relatives*, car une personne sceptique à l'égard de la théorie des ions pourrait déclarer que les impossibilités, que ces propriétés relatent, deviennent évidentes si l'on suppose que les ions sont inexistants.

Anomalies présentées par les dissolutions des sels. — Les travaux sur la cryoscopie et sur la tonométrie de M. Raoult (1) ont permis de déduire le poids moléculaire d'un corps en dissolution de la valeur de l'abaissement du point de congélation ou des variations des tensions de vapeur des mélanges. Également les travaux de Van't Hoff sur l'osmose ont abouti à une loi qui porte le nom de ce savant (2) et qui relie la pression osmotique d'une substance à la température absolue et à la concentration moléculaire de cette substance dans le dissolvant.

Les lois de M. Raoult et de Van't Hoff reconnues exactes pour les non-électrolytes, donnaient des résultats systématiquement inexacts lorsqu'on les appliquait aux électrolytes. Ainsi, le point de congéla-

---

(1) Les lois sur la cryoscopie sont les suivantes :

α) Le point de congélation d'une dissolution est toujours inférieur à celui du dissolvant à l'état de pureté (ainsi, plus un corps est pur, plus est élevé son point de congélation).

β) L'abaissement C du point de congélation d'une dissolution est proportionnel au rapport des poids p du sel dissous et P du dissolvant.

Par définition : le coefficient d'abaissement $= C \dfrac{P}{p}$.

γ) Le produit du poids moléculaire M du corps dissous par le coefficient d'abaissement est un nombre constant r pour chaque dissolvant. $r = MC \dfrac{P}{p}$.

Si L_f est la chaleur de fusion du dissolvant et T sa température absolue de congélation, la thermodynamique donne la relation $r = \dfrac{1{,}988.T^2}{L_f}$ (Van't Hoff).

Voici quelques valeurs de r : Eau : 1890, Benzine : 5000, Acide acétique : 3860, Nitrobenzine : 7070.

Si Δ est l'élévation du point d'ébullition d'une dissolution, p le poids du sel dissous dans P du dissolvant, on a :

$$\Delta \frac{P}{p}.M = ,988 \frac{T^2}{L_1}.$$

L, étant la chaleur latente de vaporisation et T la température absolue d'ébullition.

(2) Les lois de Van't Hoff sont les suivantes :

α) La pression osmotique d'une substance donnée est proportionnelle à la concentration.

β) La pression osmotique d'une substance donnée est proportionnelle à la température absolue.

γ) La pression osmotique est numériquement égale à la pression que prendrait la substance dissoute, si l'on pouvait la vaporiser sans la détruire et lui faire occuper le volume même de la solution.

Il en résulte que toute solution contenant une molécule-gramme de corps en dissolution dans un litre a une pression osmotique de 22,3 atmosphères environ, c'est-à-dire la pression que prendrait, sous le volume de 1 litre, la molécule-gramme d'un gaz quelconque, en vertu de la loi d'Avogadro. Il en résulte que deux solutions de concentrations équimoléculaires, c'est-à-dire contenant la même fraction du poids moléculaire des corps dissous, ont la même pression osmotique.

Enfin, nous rappellerons la **loi de Wüllner** sur les dissolutions des sels dans l'eau : la diminution relative de tension des dissolutions aqueuses est proportionnelle à la concentration, c'est-à-dire proportionnelle au poids p de substance dissoute dans 100 grammes de dissolvant, autrement dit, si f est la tension de vapeur du dissolvant volatil pur, et f' cette tension lorsque le dissolvant renferme une substance fixe, on a :

$$\frac{f-f'}{f} \times \frac{100}{p} = C^{te}.$$

tion d'une solution aqueuse normale contenant par litre une molécule-gramme d'alcool ou de sucre, soit un nombre égal à la valeur de sa masse moléculaire, est abaissé de 1,85 degré centigrade. Si les lois étaient identiquement les mêmes pour une dissolution de sel marin, on devrait constater un même abaissement pour toute dissolution salée contenant également une molécule-gramme par litre; *il n'en est rien* et la dissolution se comporte, sous le rapport de l'abaissement du point de congélation, comme si elle renfermait 1,75 molécule normale, car l'abaissement constaté est de 3,26 degrés centigrade.

M. Arrhénius a fourni de ces anomalies une explication victorieuse, puisque l'expérience l'a justifiée pleinement. Il a indiqué que, dans l'électrolyte, les ions libres jouaient le même rôle que les molécules, seules considérées dans les lois en discussion pour les non-électrolytes. Supposons, par exemple, qu'on ait fait dissoudre n molécules de sulfate de potassium, et que de la molécule une fraction a, qu'on appelle *degré de dissociation*, se trouve dissociée dans la dissolution; il restera alors $(1 - a)\,n$ molécules de SO^4K^2, il y aura, en outre, dans le liquide $2\,a.n$ ions de potassium et $a.n$ ions de SO^4 (car la molécule SO^4K^2 se dissocie en 3 ions : 1 ion SO^4 et 2 ions K) de sorte, que pour les lois de Raoult et de Van't Hoff, la dissolution ne se comportera pas comme si elle possédait n molécules, mais bien comme si elle en possédait :

$$(1 - a)\,n + 2an + a.n = (1 + 2a)\,n.$$

En général, si la molécule se décompose en i ions, on devra, dans l'application des lois, interpréter les formules en substituant aux n molécules, l'expression :

$$[1 + (i-1)a]\,n.$$

On comprend aussi que cette remarque d'Arrhénius permet inversement de calculer le degré de dissociation a par la mesure de l'abaissement du point de congélation, par exemple.

Rôle de la théorie de la dissociation électrolytique en Chimie. — Les réactions des acides et des sels sont lentes généralement ou difficiles en dehors de la présence de l'eau. On apprend en chimie que l'acide azotique et l'acide sulfurique très concentrés sont sans action sur le fer; on sait même que HCl liquéfié et privé d'eau n'attaque pas le carbonate de chaux On attribue aux ions libres dûs à la dissolution dans l'eau de ces acides, les actions très vives de ces mêmes acides sur ces mêmes corps qu'ils se refusaient d'attaquer quand ils étaient concentrés. On peut, comme on l'a vu plus haut, calculer le degré de dissociation d'une dissolution; si on procède à ces déterminations, soit par la méthode à laquelle il vient d'être fait allusion, soit par toute autre, on reconnaît que les acides forts sont bien plus facilement dissociés que les acides que les chimistes désignent sous le nom d'acides faibles.

L'acide tartrique, l'acide acétique (acides faibles) sont très peu dissociés, alors qu'au même degré de dilution, l'acide sulfurique et l'acide chlorhydrique le sont presque complètement.

Chaleur d'ionisation. — Le phénomène, par lequel une molécule passe de son état ordinaire à l'état d'ion, est accompagné nécessairement d'une variation d'énergie, on conçoit que, naturellement, il doit être accompagné d'un mouvement thermique. On appelle *chaleur d'ionisation* la quantité de chaleur dégagée par la molécule-gramme. En chimie, on a envisagé la chaleur de substitution d'un métal à un autre; dans cette théorie, cette chaleur de substitution sera la différence des chaleurs d'ionisation des deux métaux; également, pour les chaleurs de formation d'un composé, on dira, par exemple, que l'acide chlorhydrique en solution étendue a pour chaleur de formation à partir de ses éléments, la somme même des chaleurs d'ionisation du chlore et de l'hydrogène, c'est-à-dire les chaleurs nécessaires pour le passage depuis l'état gazeux à l'état d'ions de ces deux corps. Tandis que la chaleur de formation d'un composé est un nombre qui caractérise l'union des deux corps simples à la fois, *la chaleur d'ionisation n'intéresse que l'ion, indépendamment de la nature de l'ion avec lequel il est conjugué momentanément.*

Explication des phénomènes d'électrolyse par la théorie des ions. — Nernst a été plus loin encore, il a émis l'hypothèse que toute tige plongée dans un liquide, une tige de cuivre par exemple, émettait des ions comme un liquide émet des vapeurs lorsqu'il se trouve en présence d'un espace non saturé de ses vapeurs. De même que l'émission des vapeurs s'arrête, en général, rapidement, à moins de circonstances spéciales, de même l'émission des ions s'arrête rapidement, parce que la charge positive des ions noyés dans la dissolution d'une part, et la charge négative de la tige d'autre part, tendent à créer immédiatement des actions électriques de plus en plus importantes dont le résultat est de s'opposer à un écoulement des ions de la tige vers le liquide.

Cette dissociation peut avoir lieu dans d'autres liquides que l'eau, mais à un *degré bien moindre* (acide amylique, par exemple). L'eau est toutefois le liquide possédant le plus grand pouvoir dissociant. Les dissolutions des acides et des sels dans certains dissolvants se comportent même comme de véritables isolants. Certains électrolytes fondus par voie ignée subissent l'électrolyse, on doit donc, d'après la théorie de Nernst, admettre qu'ils sont en partie dissociés en leurs ions.

De même qu'*un liquide ne cessera d'émettre de la vapeur* si, au fur et à mesure de sa formation, cette vapeur se trouve soustraite pour un usage quelconque — pour produire, par exemple, du travail mécanique dans un moteur thermique — de même, *un métal plongé dans un liquide ne cessera d'émettre des ions* dans certaines circonstances que nous allons examiner.

a) Si, dans le liquide, une seconde tige en métal inaltérable est plongée, et, que cette seconde tige soit, extérieurement par un fil métallique, mise en communication avec la première, il se produira le phénomène suivant : La charge négative qui se trouve sur la première tige passe de cette première tige sur la seconde grâce au fil conducteur extérieur, elle vient neutraliser la charge d'électricité positive des ions métal de la solution. La première tige ainsi déchargée, émet de nouveaux ions qui se comportent comme les premiers, de sorte qu'il y a un transport ininterrompu d'électricité de *la tige non attaquée à celle attaquée par le conducteur extérieur*, alors que, dans l'intérieur de l'électrolyte, on a un transport de la tige attaquée à la tige non attaquée. Cette explication du phénomène qu'on rencontre dans la pile primaire est la généralisation de ce qu'on observe sur les piles secondaires;

b) Supposons que, dans le liquide, se trouvent déjà des ions d'un autre corps A possédant une chaleur d'ionisation moindre que la chaleur d'ionisation du métal de la tige plongée. Une substitution de métal à métal, valence par valence, pourra donc s'opérer avec un dégagement de chaleur résultante; mais, dans cette substitution, la tige a vu le métal A se déposer sur elle à l'état moléculaire, les ions de A se sont donc neutralisés, ils n'ont pu le faire qu'au contact des ions émis par la tige qui, ramenée ainsi constamment à l'état neutre, continuera à émettre sans interruption de nouveaux ions dans le liquide. Ainsi se trouve expliqué le phénomène de précipitation des métaux les uns par les autres, de l'argent par le cuivre, du cuivre par le zinc, etc., etc.

Toutefois la théorie si séduisante de M. Nernst, prête le flanc à certaines critiques que nous ne pouvons développer ici, cette théorie doit donc subir certaines modifications aux fins de la rendre compatible avec certaines données déjà acquises.

Mobilité des ions. — Un ion D dont la valence est n emportera ainsi une charge $n.q$, en appelant q la charge portée par un ion monovalent absolument quelconque. Si, dans l'électrolyte, règne un champ de force électrique dont l'intensité est f au point déterminé où se trouve l'ion D, cet ion se déplacera dans un milieu très résistant sous l'action de ce champ; son déplacement se trouvera, à tout instant, amorti, et la vitesse qu'il prendra sera proportionnelle au vecteur f; c'est le même phénomène qu'on observe dans la machine du général Morin dans laquelle le poids, grâce aux ailettes, prend un mouvement dont le déplacement est proportionnel à ce poids lui-même. Si donc, u et v sont les vitesses du cathion et de l'anion, on doit avoir :

$$u = k_1 f \quad \text{et} \quad v = k_2 f,$$

ces coefficients k_1 et k_2 sont *indépendants de f*, ce sont eux qu'on appelle *la mobilité de l'ion*. On peut aller plus loin et remarquer que, quand la dissolution de l'électrolyte dans l'eau est très peu concentrée, les frottements éprouvés par le déplacement des ions doivent nécessairement être très peu différents de ceux dans l'eau pure; en effet, un ion libre doit rencontrer un nombre très grand de molécules d'eau et un nombre très limité d'ions libres (négligeable presque par rapport au nombre des molécules); *dans ce cas*, la mobilité k d'un ion qui n'est, d'après ce qui a été dit plus haut, fonction que des frottements seuls, doit donc être indépendante de la concentration et aussi de la nature de l'autre ion avec lequel il est conjugué pour composer la molécule; cette valeur k est donc une véritable constante à chaque température et pour un même ion.

M. Svante Arrhénius fait alors le raisonnement suivant : Supposons que les deux électrodes soient aux extrémités d'une colonne cylindrique électrolytique de façon que le courant parcoure ce cylindre et que les surfaces équipotentielles soient les sections droites de ce cylindre, soit s la section droite. Si, de plus :

N est le nombre de molécules dissociées, contenus dans un centimètre cube de la dissolution;

n est la valence de l'électrolyte.

On aura pour charge positive portée par les cathions contenues dans le même centimètre cube de la dissolution: Nnq, alors que les anions correspondants véhiculeront en sens contraire une charge — Nnq.

Pendant l'unité de temps, la section droite du cylindre sera traversée par une charge d'électricité positive égale à $N.n.q.u.s$, alors qu'en sens inverse, une charge négative — $N.n.q.v.s$ franchira cette section.

L'intensité du courant est donc :

$$i = N.n.q.s\,(u+v),$$

ou encore :

$$i = N.n.q.s.(k_1+k_2)\,f.$$

S. Arrhénius a été plus loin, il a relié le degré de dissociation électrolytique à la conductibilité moléculaire. Reprenons notre cylindre liquide précédemment examiné, si V est la différence de potentiel entre deux points distants d'une longueur l, si C est la conductibilité de la solution, on aura :

$$i = \frac{C.V.s}{l} = C \times \frac{V}{l} \times s = C.j.s,$$

en égalant les deux valeurs de i on tire :

$$C = Nnq\,(k_1+k_2),$$

cette formule fut donnée la première fois par M. Kohlrausch. Appelons γ la concentration moléculaire de la dissolution, K, le nombre de molécules contenues dans une molécule-gramme, on aura, par cm^3, un nombre $K\gamma$ de molécules; si, de plus, a est le degré de dissociation, $K\gamma a$ sera précisément le nombre N des formules précédentes, car cette expression représente le nombre de molécules dissociées dans un centimètre cube; on a ainsi, μ étant la conductibilité moléculaire $\left(\mu = \dfrac{C}{\gamma}\text{ par définition}\right)$:

$$\frac{\mu}{a} = \frac{C}{\gamma a} = K.n.q\,(k_1+k_2).$$

Comme le dernier membre ne renferme plus que des quantités indépendantes de la concentration moléculaire, il en résulte que l'expression $\frac{\mu}{a}$ est indépendante de la concentration; on peut ainsi énoncer cette loi : *le degré de dissociation a est proportionnel à la conductibilité moléculaire* μ.

Ces degrés de dissociation peuvent de plus être calculés, comme nous l'avons vu plus haut, par la mesure du point de congélation des dissolutions.

Charge et diamètre d'un atome monovalent. — Les nombreuses expériences faites pour vérifier les formules précédentes ont fourni un accord remarquable, nous renvoyons au Cours d'Électricité de M. Pellat, 3ᵉ volume, année 1908, pages 30 à 67. On y verra également comment on peut, de la théorie des ions, déduire une première approximation de la charge de chaque ion, le nombre de molécules contenues dans 1 centimètre cube d'hydrogène, ou d'un gaz parfait quelconque, dans les conditions normales de température et de pression, nous n'indiquerons ici que les résultats.

Nombre de molécules dans 1 centimètre cube de H :

$$4{,}6 \times 10^{19} \text{ (en chiffres ronds)} ;$$

Nombre de molécules contenues dans 1 molécule-gramme :

$$9{,}66 \times 10^{23} \text{ (en chiffres ronds)} ;$$

Diamètre d'un atome monovalent :

$$2r = 14 \times 10^{-9} \text{ centimètres (1)} ;$$

Masse d'une molécule, M étant la masse moléculaire du corps :

$$M \times 10^{-24} \text{ grammes} ;$$

Charge d'un ion monovalent :

$$q = 10^{-19} \text{ coulombs (en chiffres ronds)} ;$$

Charge d'un ion monovalent en unité électrostatique :

$$q = 3 \times 10^{-10} \text{ unité électrostatique C. G. S} ;$$

---

(1) Si l'on compare la terre dont le diamètre sera supposé égal à 14.000 kilomètres, ou 14×10^8 centimètres (qui diffère peu du diamètre réel moyen) à une petite sphère de $\sqrt{20}$ centimètres de diamètre, ($\sqrt{20} = 4{,}5$ environ), on verra que le rapport des diamètres est :

$$\frac{14 \times 10^8}{\sqrt{20}} = 10^{\frac{17}{2}}.$$

Si l'on compare le diamètre de cette petite boule à celui d'un atome monovalent, on aura :

$$\frac{\sqrt{20}}{14 \times 10^{-8}} = 10^{\frac{17}{2}}.$$

De sorte que la terre a une grosseur, par rapport à une boule de 4,5 centimètres, comparable à la grosseur de cette même boule, par rapport à l'atome monovalent.

La théorie cinétique des gaz, donne, pour le nombre de molécules d'H contenues dans 1 centimètre cube et pour la masse d'une molécule, des valeurs voisines de celles déduites de la théorie des ions et des résultats des belles expériences de M. Bouty et de M. Kohlrausch sur les phénomènes électrolytiques.

Relation entre la conductibilité moléculaire et les mobilités. — On a déjà trouvé :

$$\frac{\mu}{a} = K\,q\,n\,(k_1+k_2).$$

Or Kq est la charge d'une molécule-gramme; la valeur de cette charge est donc 96.600 coulombs, soit, comme nous le verrons aux chapitres sur les unités, 9.660 unités électromagnétiques C. G. S. De plus, lorsqu'on a des dissolutions infiniment diluées, on a $a = 1$, et la formule devient :

$$\frac{\mu_\infty}{n} = 9660\,(k_1+k_2) = 9.660\,k_1 + 9.660\,k_2.$$

On constate ainsi que le quotient par la valence de la conductibilité moléculaire limite est la somme de deux termes, dont un ne dépend que du cathion seul et l'autre de la nature de l'anion seul. Or, la valeur de μ s'approche déjà de μ_∞ avant que la dilution ne soit très avancée; d'après les travaux de M. Bouty, les électrolytes *normaux* ont pour conductibilité moléculaire limite la valeur donnée par la relation déjà indiquée au chapitre traitant de la polarisation.

$$\mu_\infty = 8,109 \times 10^{-8} \times n\,(1+0,0333\,t),$$

et ainsi, pour ces électrolytes normaux :

$$k_1+k_2 = 8,109 \times 10^{-8} \times \frac{1}{9.660} \times (1+0,0333\,t) = 8,39 \times 10^{-12}(1+0,0333\,t).$$

Or, le coefficient de frottement intérieur dans l'eau a été déterminé par les travaux de Poiseuille sur la viscosité, ce coefficient est :

$$\eta = \frac{0,01782}{1+0,0333\,t}.$$

Un ion se mouvant dans ce milieu très résistant qui est l'eau, sa vitesse $u = k_2\,f$ sera proportionnelle à la force qui agit sur lui, c'est-à-dire proportionnelle à $n.q.\,f$ et inversement proportionnelle à η. de sorte que λ étant un facteur de proportionnalité, on aura :

$$k_1 f = \lambda \frac{n\,q\,f}{\eta} \quad \text{ou} \quad k_1 = \lambda \frac{n.q}{0,01782}(1+0,0333\,t).$$

L'expression $\dfrac{\lambda.n.q}{0,01782}$ est une quantité indépendante de la température; on voit ainsi que la mobilité des ions d'un électrolyte simple varie avec la température comme le binome de Poiseuille relatif à l'eau : $1 + 0,0333\,t$.

Relation entre la vitesse et les nombres de transport. —Cette différence de vitesse des ions a pour conséquence le phénomène d'Hittorf. Bien que le *même nombre d'ions se déposent simultanément aux deux électrodes*, la perte de concentration n'est pas la même des deux côtés de la paroi poreuse (voir page 50). En effet, soit N le nombre de molécules dissociées en ions par centimètre cube, et soient α_1 et α_2 les nombres de cathions et d'anions en lesquels une molécule s'est dissociée, de façon que, par centimètre cube, on ait $N\alpha_1$ cations et $N\alpha_2$ anions. Soient s la surface de la membrane perméable de l'expérience d'Hittorf, u et v les vitesses des ions et θ le temps d'expérimentation; après ce temps θ, le nombre des cations aura diminué de $N\alpha_1 u.s\theta$ dans le compartiment anodique, car il sera passé à travers la membrane ce nombre de cations du compartiment anodique au compartiment cathodique; mais, à chaque instant, il y a dans la liqueur des nombres d'anions et de cations dans les proportions nécessaires à la constitution de la molécule neutre, donc il se sera, pendant le même temps, dissipé du compartiment anodique un nombre d'anions égal à $N\alpha_2 us\theta$, et l'analyse indiquera qu'il a disparu un nombre de molécules $A = N.u.s.\theta$ du compartiment anodique. Un raisonnement semblable montrera qu'il est passé en sens inverse, pendant le même temps θ, un nombre d'ions égal à $N\alpha_2 v.s.\theta$ et qu'il est ainsi disparu du compartiment cathodique un nombre de molécules : $C = N.v.s.\theta$; A et C sont proportionnels aux nombres de transport du phénomène d'Hittorf et on a bien ainsi ·

$$\frac{A}{C} = \frac{N.u.s.\theta}{N.v.s.\theta} = \frac{u}{v} = \frac{k_1}{k_2}.$$

Et on a ainsi la loi de Kohlrausch : *Le rapport des mobilités des cathions et des anions de la molécule électrisée est égal au rapport des nombres de transport.*

Dans le cas de sels normaux, on a $k_1 = k_2 = \dfrac{k_1 + k_2}{2}$, et ainsi on a en unités électromagnétiques C. G. S.

$$k_1 = \frac{k_1 + k_2}{2} = 4{,}19 \times 10^{-12}(1 + 0{,}0333\,t).$$

On peut calculer les vitesses u et v relatives aux sels normaux, en effet, dans ce cas :

$$u = v = k.f = 4{,}19 \times 10^{-12}(1 + 0{,}0333t) \times f.$$

Dans le cas, où l'on aurait une chute de 1 volt par centimètre de longueur, ce qui correspondrait dans le système électromagnétique C. G. S, à faire $f = 10^8$, on obtiendrait facilement :

$$u = v = 0{,}000419\,(1 + 0{,}0333\,t),$$

la vitesse à une température de 25 à 30° C serait donc de 7,7 microns par seconde, soit à l'heure 2,77 centimètres.

Mrs. Lodge et Whetham ont soumis les résultats de ces calculs à l'expérience, en calculant les déplacements des ions colorés, tels que ceux des permanganates, des sels de cuivre, des chromates, etc., etc. Voici un tableau de résultats de ces expérimentateurs :

Ions	Vitesses absolues en centimètres : seconde pour des valeurs de $f = 1$ volt par seconde température 25 à 30°C	
H...	0,00257	cm : s
Na...	0,00054	—
K...	0,00078	—
HO...	0,00184	—
Cl..	0,00077	—
Ag...	0,00065	—
Br...	0,00080	—
I..	0,00079	—
Li..	0,00044	—
MnO⁴.......................................	0,00063	—

Calcul des forces mises en jeu dans l'électrolyse. — Supposons que la vitesse d'un ion à 30° centigrade soit de 0,0008 pour un champ correspondant à une chute de 1 volt par centimètre de longueur; dans un tel champ, la force qui s'exerce sur un coulomb est de 10^7 dynes, et, sur l'ensemble des ions chargés de 96.600 coulombs; la force sera $10^7 \times 96.600$ ou $9,66 \times 10^{11}$ dynes, soit sensiblement : un million de kilogrammes.

Si, par exemple, l'ion que nous considérons est l'ion-potassium dont le poids atomique est 39, on aura, par gramme de potassium, une force appliquée de $\frac{1}{39} \times 10^6$ Kg ou 25.000 Kg environ, et une vitesse de 2,7 à 2,8 centimètres à l'heure :

Remarques générales sur la théorie des ions. — Il ressort de toute cette étude, que l'eau joue comme dissolvant un rôle absolument à part auquel on ne peut comparer celui des autres dissolvants. L'eau joue, en effet, un rôle sur la composition et la décomposition des corps qui ne saurait être nié et qui est bien en rapport avec l'importance de cet élément à la surface de la terre. Si l'on examine philosophiquement la question, on voit *qu'il ne saurait en être autrement,* car les corps composés que la nature nous présente à la surface du globe ont été fixés, *l'eau ou sa vapeur étant présente;* les réactions définitives, qui ont figé les corps composés, ont été effectuées en présence de l'eau ou de sa vapeur, les *réactions impossibles en présence de l'eau ont donc été, sauf accidents rares, absolument éliminées, inexistantes.* Ces idées exigent quelques développements que nous allons donner.

Lorsque notre sphéroïde a commencé à cesser d'être un bloc fluide incandescent pour présenter une apparence superficielle rigide, à l'époque de la formation de la croûte terrestre, les corps, qui se sont solidifiés successivement, (et ceux aussi qui se sont combinés) se sont solidifiés (ou se sont combinés) *en présence de la vapeur d'eau ou même en présence de l'eau.* L'eau, soit à l'état liquide, soit à l'état de vapeur, a donc toujours joué un rôle de présence dans la presque totalité des réactions décisives qui devaient figer la majeure partie des éléments constitutifs de notre planète. Les réactions qui se sont produites sont celles qui étaient *seules possibles en présence de l'eau,* les autres *étant éliminées nécessairement*; il n'est donc pas étonnant que, mise en contact intime avec ces mêmes corps à la fixation desquels elle a assisté, et même quelquefois présidé, l'eau puisse tenir un rôle qu'aucun autre corps ne saurait lui disputer.

TABLE DES MATIÈRES